ESSAI

SUR

LE BARREAU

GREC, ROMAIN

ET FRANÇOIS,

ET

SUR LES MOYENS DE DONNER

DU LUSTRE A CE DERNIER.

Oratorum ipsa vis ignota est, nota gloria.
Cicer. de optimo gen. orat.

par M. Falconnet Avocat.

A PARIS,

Chez GRANGÉ, Imprimeur-Libraire, au Cabinet
Littéraire, Pont Notre-Dame, près la Pompe.

M. DCC. LXXIII.

AVEC APPROBATION ET PRIVILÉGE DU ROI.

PRÉFACE.

IL n'y auroit qu'un Ouvrage excellent qui pût se passer de préface ; mais ces Ouvrages sont si rares qu'une préface est devenue nécessaire à la plûpart des livres. C'est une pièce essentielle pour le mien.

Engagé par mon goût plus que par mes talens, dans la carrière du barreau ; j'ai voulu faire connoissance, si l'on peut parler ainsi, avec les grands génies qui l'ont parcourue avant moi ; j'ai tâché, en étudiant leur physionomie, de fixer leurs traits. Mon Ouvrage est une galerie de tableaux. Blâmeroit-on un militaire qui décoreroit ses appartemens des portraits d'Alexandre, d'Annibal, de Scipion, de César, de Condé & de Turenne ?

Peut-être le soin que j'ai pris ne sera-t-il pas entièrement inutile aux jeunes Candidats, qui comme moi cherchent à se fonder ; ils pourront rencontrer parmi cette foule de caractères, celui qui leur sera le plus analogue. Personne n'a tous les talens ; il est important de bien connoître le sien pour ne pas le forcer. L'Albane se seroit perdu, s'il eût copié Michel Ange.

On ne trouvera point ici de préceptes concernant l'art oratoire; Ariſtote, Cicéron, Quintilien n'ont rien laiſſé à dire ſur cette matière.

Je n'ai point parlé des hommes célèbres, qui de nos jours font honneur au barreau.

Le tems préſent eſt l'arche du Seigneur.

D'ailleurs, dans ce moment ils ſont ſuffiſamment déſignés pour le public, par les mots d'hommes célèbres. Leurs noms & leurs éloges ſeront toujours trop-tôt conſignés dans nos écrits; puiſqu'alors nous aurons perdu l'avantage de les voir & de les entendre.

Je crains qu'on ne me faſſe un

crime d'avoir dit que jusqu'à présent parmi nous, rarement un Orateur s'est survécu à lui-même. Sans doute j'aurois mieux fait de m'en taire ; mais je le pense. Le P. Bouhours, De la manière de bien penser sur les ouvrages d'esprit *, vers la fin , fait le portrait d'un Avocat de son tems :* « Il a, dit-il, » une prononciation agréable, » un geste libre , un air engageant , » qui prévient les esprits en sa faveur » avant qu'il ait commencé à parler ; » une éloquence naturelle qui plaît » d'autant plus qu'il y a moins d'art ; » une facilité merveilleuse pour bien » tourner un fait ; une heureuse abon- » dance de paroles & de raisons, qui » charment & entraînent l'auditeur. Il*

» est égal dans son style, modeste dans
» ses figures, correct dans ses pensées.
» Il évite les façons de parler fastueuses
» & ampoulées, les ornemens recher-
» chés, & ces faux brillans dont quel-
» ques-uns tâchent d'éblouir le peu-
» ple ». Il rapporte ensuite un morceau
du discours d'un grand Magistrat,
adressé au barreau rassemblé, en ces
termes : « Quels exemples ne vous
» a pas donnés celui de vos confrères
» que la mort nous a enlevé il y a
» quelques mois ! La bonté de ses
» mœurs, la beauté de son génie,
» l'agrément de son esprit, sa religion
» envers ses cliens, mais encore plus
» la justice, le faisoient rechercher
» pour défenseur de toutes les causes

» importantes, & les Juges n'avoient
» pas moins de plaisir à l'entendre,
» que les parties avoient de confiance
» en leur droit, quand il étoit soutenu
» par un tel Avocat ». Voilà certainement un panégyrique bien complet ;
cependant je crois que peu de gens en
nommeroient le héros. Celui dont
on a écrit de si belles choses s'appelloit Pageau. Qu'un Avocat compte
après cela, sur sa réputation actuelle
pour aller à la postérité !

On trouvera mauvais encore que
j'aie osé juger l'illustre Cochin
comme je le fais. « Jeune homme,
dira-t-on, » admirez vos modèles,
» imitez-les si vous pouvez, & sur-tout
» ne les critiquez pas. Porté sur les
» aîles

» aîles du génie, Cochin s'eſt élevé
» juſqu'à la plus grande hauteur de la
» ſublime éloquence ; & s'il n'a pas
» été plus loin, ce n'eſt point à lui,
» c'eſt aux bornes de l'eſprit humain
» qu'il faut s'en prendre ».

Vieillard reſpectable, répondrai-
je, il me ſemble qu'il eſt dangereux
d'admirer excluſivement, même ceux
que l'on doit imiter ; car c'eſt le
moyen de reſter toujours au-deſſous
de ſon modèle. « Ne cherche pas à
» marcher ſur la même ligne que la
» divine Enéide, mais ſuis-la de loin,
» en adorant toujours ſes traces ».

...Nec tu divinam Eneida tenta ,
Sed longè ſequere, & veſtigia ſemper adora (a).

(a) Stat. Thebaid. Lib. 12. in fin.

b

Tel est le discours que l'auteur de la Thébaïde tenoit à son poëme. Aussi à quelle distance prodigieuse Stace est de Virgile ! Si c'est par respect qu'il s'en est tenu si fort éloigné , il faut convenir que jamais le respect ne fut plus mal placé. Quand on vit Alexandre pleurer en apprenant que l'univers renfermoit d'autres mondes , où il ne pourroit porter l'effort de ses armes , il fut facile de deviner que le nôtre deviendroit sa conquête. Dans une longue course , vouloir passer le but, c'est un secret presque sûr pour y arriver.

Au reste, j'expose mon sentiment & ne prononce point d'arrêt. C'est ainsi que j'ai senti : si vous condam-

nez mon discernement, si vous plaignez mon goût, louez ma franchise. Je vois des lettres qui roulent sur la grace suffisante qui ne suffit pas, sur des cas de conscience, ou des points de théologie ; je vois, dis-je, que ces lettres sont dans les mains de tout le monde, tandis que le recueil des Œuvres de Cochin n'est guère connu que des gens du métier, & que même au Palais on le consulte plus qu'on ne le lit ; je conclus de là que Cochin n'est pas si intéressant que Paschal ; & qu'il l'est par conséquent bien moins encore que ces grands Orateurs dont Athènes & Rome se vantent (a).

(*a*) On dit que nous n'avons pas les plai-

Que si l'on me demande ce que c'est que cet intérêt, & comment on peut le faire naître ?

Je réponds : Que l'intérêt est l'art de piquer la curiosité en la satisfaisant : quant à la manière d'exciter cet intérêt, je l'ignore. A cet égard ma préface ne ressemblera pas à la plûpart des préfaces modernes, dans lesquelles l'auteur dogmatisant d'après son Ouvrage, fait parade de ses découvertes dans le genre qu'il traite, & dicte des règles sûres pour enchanter le lecteur ; lorsque celui-ci, que le froid & l'ennui gagnent souvent,

---

doyers de Cochin, & que ses mémoires leur sont très-inférieurs. Je le crois, & j'en suis bien fâché.

jette le livre, & ne voit dans le nouveau docteur, ou qu'un mal-adroit qui n'a pas su faire usage de son secret, ou qu'un charlatan qui n'a que de fausses recettes.

Mais une inculpation plus grave, qu'on se croira peut-être en droit de m'adresser, c'est qu'en me permettant de parler librement sur les abus de la vénalité, je n'ai fait que me plier aux circonstances.

Je ne crains pas ce reproche de la part de ceux qui me connoîtront. Je vais me justifier aux yeux des autres.

Je conviens d'abord que j'ai goûté une sorte de satisfaction à pouvoir dire mon avis sur ce sujet.

Plein d'estime pour la noble pro-
fession d'Avocat, & persuadé que les
offices une fois mis à l'encan, cet
ordre célèbre a dû perdre presque
toute sa dignité; on sent bien que je
n'ai pas dû être le panégyriste de
cette coutume pernicieuse.

On conçoit encore quels ont été
mes sentimens lors de l'abolition
d'un usage, moderne en comparai-
son de l'usage contraire. Je me suis
livré à l'espoir de voir reparoître
dans son éclat, un Corps où, pour
être admis, les talens & la probité
seront désormais les mérites préli-
minaires, & les seuls considérés.

Mais auparavant de faire le procès
à ma façon de penser, qu'on sache

qu'elle n'eſt pas nouvelle ; qu'avant moi les Hiſtoriens les plus eſtimés, les Juriſconſultes les plus habiles, & les Philoſophes les plus reſpectables avoient dit les mêmes choſes ; qu'il n'en eſt pas d'une opinion morale ou politique, comme de ces queſtions frivoles, où l'on peut ſoutenir indifféremment le pour & le contre, & qu'il faut avoir des preuves que l'on eſt un eſprit très-ſupérieur pour ne pas ſe laiſſer ſubjuguer par certaines autorités. Quant à moi, j'avoue que ſur ce qui regarde la vénalité des offices, je ne ſuis qu'un plagiaire ; & j'en fais gloire, comme on en ſera convaincu en liſant les citations ſuivantes.

Voici ce que dit le sénéchal de Champagne, le bon Sire de Join-ville, le premier historien qui ait écrit en François : « *Et sachez que* » *ou tems passé l'office de la prévôté* » *de Paris se vendoit au plus offrant,* » *dont il avenoit que plusieurs malé-* » *fices & pilleries s'en faisoient, &* » *étoit totalement justice corrompue,* » *par faveur d'amis, par dons & par* » *promesses... Pourtant ne voulut-il* » *plus* (S. Louis) *que la prévôté fût* » *vendue, ains étoit office qu'il don-* » *noit à quelque grant saige homme,* » *avec bons gaiges & grans* ».

Je rapporte ailleurs un passage de Philippe de Commines. On est toujours trop diffus dans des discus-
sions

fions semblables , il ne faut pas encore les prolonger en se répétant.

Bernard de Girard , seigneur du Haillan , secretaire de Monseigneur le duc d'Anjou frère du roi, ayant charge de S. M. d'écrire l'histoire de France *s'exprime ainsi dans son livre*, De l'état & succès des affaires de France, livre I I I.

« *Après que les procès se multipliè-*
» *rent , on fut contraint de faire &*
» *ériger diverses sortes de jurisdictions,*
» *desquelles, à la vérité, l'institution*
» *étoit belle & honorable ; étant comme*
» *un guerdon & loyer de la vertu ;*
» *d'autant qu'on ne mettoit aux Etats*
» *de judicature , que les gens de bien*
» *& les savans personnages , qui ju-*

„ *geoient sans espérance de profit ; mais*
„ *depuis, s'étant les Etats faits vénaux,*
„ *les hommes de toute condition reçus*
„ *à l'exercice d'iceux , moyennant ar-*
„ *gent , & la liberté de prendre donnée*
„ *aux juges, la corruption & l'injus-*
„ *tice se sont campées au lieu qui avoit*
„ *été établi pour l'intégrité & pour la*
„ *justice ; & la vertu de justice a été*
„ *réduite à un art de gain & de profit :*
„ *car on fait traficq d'Etats & d'Offices,*
„ *comme de marchandises communes ,*
„ *& qui veut tirer un bon intérêt de*
„ *son argent, le met à un Office qui*
„ *lui vaut plus qu'une rente constituée,*
„ *ou qu'une bonne métairie* „.

Les Ecrivains qui se rapprochent
de notre tems , ne sont pas moins

précis : Le nombre des Officiers de juſtice étoit d'abord fort petit , & l'ordre que l'on obſervoit pour remplir les charges parfaitement beau. On avoit accoutumé d'y tenir un regiſtre de tous les habiles Avocats & Juriſconſultes , & quand quelqu'Office venoit à vacquer, on en choiſiſſoit trois, deſquels on portoit les noms au Roi, qui préféroit celui qui lui plaiſoit. Mais les favoris corrompirent bientôt cet ordre ; ils perſuadèrent aux Rois de ne point s'arrêter à ceux qu'on leur préſentoit.... Souvent ces charges étoient remplies de faquins & d'ignorans , à cauſe de quoi les gens de mérite tenoient la condition d'Avocat beaucoup plus honorable que celle de Conseiller.

Le mal croissant toujours & les gens riches devenant extrêmement friands de ces charges pour le lucre, & leurs femmes pour la vanité, ceux qui gouvernoient se mirent à fabriquer de cette marchandise pour la débiter & en tirer de l'argent. Ainsi... on vendit les charges de judicature... Il n'est pas besoin de dire les inconvéniens & les maux que cette méchante invention à causés & cause tous les jours ; les moins éclairés les connoissent assez & voyent bien que. c'est un mal auquel il est fort nécessaire, mais certes très - difficile présentement de remédier. *Hardouin.*

de Perefixe, Précepteur de Louis
XIII, Evêque de Rhodes, & depuis
Archevêque de Paris. Hiſtoire de
Henri le Grand.

Les hiſtoires de de Thou & de
Mézerai ſont ſi répandues qu'il ſeroit
inutile d'en copier ici les divers té-
moignages; qu'on daigne lire dans
les originaux. Le premier ne ſauroit
être ſuſpect, il voyoit le nouveau
Parlement ſe former ſous ſes yeux;
le ſecond, qui le trouvoit tout formé,
le jugeoit avec ſon impartialité ordi-
naire. Je conviendrai pourtant qu'il
eſt quelque différence entr'eux & moi,
j'adoucis leurs expreſſions.

Paſſons des Hiſtoriens aux Juriſ-
conſultes.

C'eſt une choſe très-ſainte que la ſcience du Droit civil (*a*), *eſt-il dit dans la loi première, au Dig.* § *5, Tit. 13, Liv. 50,* mais qui ne peut être eſtimée à prix d'argent comme un objet de Commerce, &

(*a*) Eſt quidem res ſanctiſſima civilis Sapientia : ſed quæ prætio, nummaria non ſit æſtimanda, dum in judicio honor petitur qui in ingreſſu ſacramenti offerri debuit. Voyez encore la huitième Novelle ch. 7, & le ſerment rapporté dans la même Nov. Tit. 3 : *Juro* .... *quod nulli penitùs neque dedi, nedabo occaſione dati mihi cinguli, neque occaſione patrocinii ; neque promiſi, neque profeſſus ſum de Provincia mittere, neque mittam ; neque occaſione dominici ſuffragii, neque famoſiſſimis prefectis adminiſtrationem habentibus, neque iis qui circà eos ſunt, neque alii hominum ulli ; ſed ſicut ſine ſuffragio percepi cingulum, ſit etiam purè me exhibebo circa ſubjectis.*

qui ne doit pas être avilie par une appréciation semblable, puiſqu'en entrant dans le ſanctuaire de la juſtice on ne demande que l'honneur, & qu'il y réſide expoſé à tous les yeux.

Etienne Paſquier, ſouvent cité dans la ſuite de cet Ouvrage, fait paroître par-tout ſon éloignement pour la vénalité.

Antoine Loiſel & Pierre Pithou ne ſe contentèrent pas d'improuver par leurs écrits, cette nouvelle manière de conférer les offices ; ils marquèrent encore par leur conduite, le dédain & l'averſion qu'ils en avoient conçus. Tous deux rempliſſoient les fonctions de Subſtitut au Parquet, lorſqu'en

Mai 1568, ces deux places furent érigées en titre d'Office, & rendues vénales ; dès - lors il s'en retirè- rent & n'y voulurent plus rentrer, Quoique, *dit l'Historien* (*a*), les Partisans euffent offert à chacun d'eux une charge gratuitement, pour éta- blir plus aifément leur Edit, attirant à eux deux hommes d'un tel mérite. Mais ils aimèrent mieux renoncer courageufement à cet avantage & au profit qu'ils pouvoient faire pre- nant ces charges, quand ce n'eût été que pour les vendre, que de fervir à l'établiffement d'un Edit

------

(*a*) Claude Joly, Avocat & enfuite Cha- noine en l'Eglife de Paris.

burfal,

burſal, & qui faiſoit préjudice au corps des Avocats, auxquels ces emplois étoient particulièrement affectés.

Mais pour finir l'article des Juriſconſultes par un Auteur qui a traité la matière ex profeſſo *, je rapporterai les termes dans leſquels Loyſeau s'explique à ce ſujet.* Du Droit des Offices, Ch. I.

Je n'eſtime pas qu'il y ait en notre uſage rien de plus contraire à la raiſon que le commerce & vénalité des offices, qui préfere l'argent à la vertu, en la choſe du monde où la vertu eſt le plus à rechercher & l'argent plus à rejetter. Quelle apparence y a-t-il que le particulier baille de l'argent pour choiſir de bons serviteurs, & que le Public en prenne pour admettre au hazard de mauvais Officiers ?

Les états ont été avidement recherchés : premièrement par la voie de la vertu, dont certainement l'honneur est la seule récompense sortable, puis par la faveur qui est encore un chemin passable, & finalement par l'argent, qui en est le détour le plus éloigné.

Depuis que l'or a trouvé entrée parmi les offices, il y a tellement exercé sa domination, que, pour régner seul, il a bouché les deux autres chemins, de la vertu & de la faveur.

Il dit ailleurs : Les Monar-

ques que Dieu a établis pour diſtri-
buteurs de l'honneur , doivent conférer les dignités & offices à gens
vertueux : autrement ils commettent
trois ſortes d'injuſtices par un même
fait ; l'une de fruſtrer les gens de
bien de la récompenſe à eux dûe,
la ſeconde , d'attribuer aux autres ce
qu'ils ne méritent pas , & la troiſième
& principale , que fruſtrant la République de la conduite des gens de
bien , ils la commettent à d'autres ,
des fautes deſquels partant ils ſont reſ-
ponſables devant Dieu : *Quia mala
electio in culpa eſt....* Et véritable-
ment il ne peut être autrement que
le choix des Officiers par argent ne
ravale & diminue parmi le Peuple

l'honneur qui leur eſt dû; car d'une part il eſt mal aiſé d'attribuer au vice l'honneur qui appartient à la vertu; & d'ailleurs ceux qui n'ayant aucun mérite croyent acheter l'honneur par argent, font comme celui qui dans Euripide veut voler avec des aîles d'or qui l'abaiſſent au lieu de l'élever. *Idem, Ch. 7, §. 5 & 6.*

Venons préſentement aux Phi-loſophes qui ſe ſont occupés de la Politique.

Platon, Liv. VIII de la Rép. après avoir formellement rejetté la vénalité, ajoute : C'eſt comme ſi dans un navire on faiſoit quelqu'un Pilote ou Matelot pour ſon argent. Seroit-il poſſible que la règle fût

mauvaife dans quelqu'autre emploi
que ce fût de la vie , & bonne feulement pour conduire une République?

*Ariftote qui femble n'avoir écrit
que pour contredire Platon, eft pourtant du même avis que lui dans ce
cas-ci.* Il faut abfolument , *dit-il,*
que par-tout où les Magiftratures
font vénales, l'argent foit en grande
confidération , & qu'on le préfère
à la vertu. Point de ftabilité pour
un Etat qui admet une pareille
coutume (*a*). *Il joint à cela cette
maxime, qu'au rapport de Lampri-
de (b), Alexandre Sévère répétoit*

(*a*) Arift. 2 , Polit. C. II.
(*b*) Lamprid. in Sever.
Neceffe eft , ut qui emit , vendat.

si souvent : Qu'il est nécessaire que celui qui achète une Charge, vende la justice ; non-seulement, *continue Castillon, De off. Reg. Lib. 4, C. 3 (a)*, pour se dédommager de ses dépenses, mais encore afin que devenant plus riche, il puisse acheter de plus considérables Emplois.

Ne diroit-on pas que Senèque a vécu de notre tems, lorsqu'on l'entend parler ainsi ? Depuis que ce qui fait tant de Magistrats & de Juges, l'argent a été mis en estime, le véritable honneur est

----

(a) *Non tantùm ut sumptus quos erogavit recuperet, sed ut ditior factus, majora admercetur.*

tombé dans le discrédit ; & devenus tous tant que nous sommes , les uns marchands , les autres acheteurs , nous ne nous informons pas des choses pour apprendre ce qu'elles sont , mais ce qu'elles valent (*a*).

Je ne lasserai pas mes Lecteurs par des extraits de Plutarque (b)*, de Synésius* (c) *de Siman* (d)*, &c.*

____

(*a*) *Hæc res ipsa , quæ tot Magistratus & Judices facit , pecunia , ex quo in honore esse cæpit , verus honor cedidit ; mercatores & venales invicem facti , quærimus non quale sit quidque , sed quanti.* Epist. Sen. 115.

·(*b*) Œuvres morales. Instruction pour ceux qui manient les affaires d'Etat.

(*c*) De Regn. ad Arcad.

(*d*) 2. de Rep. C. 8.

mais je ne puis passer sous silence les paroles du célèbre Bodin, Liv. 4, de la République : Si les Etats, Offices & Commissions honorables sont enlevées d'un lieu public, pour être à toujours encloses & muffées ès maisons particulières des plus indignes, qui les emportent par faveur ou par argent ; il ne faut point faire état que la vertu soit prisée, vu qu'il est bien difficile, quelque prix qu'on en fasse, d'y attraire les hommes.

Je sais que le Président de Montesquieu, Liv. V, Ch. 19 de l'Esprit des Loix, décide pour la vénalité dans un Etat monarchique ; mais on sait aussi que ce grand homme a

cru

cru plus d'une fois devoir sacrifier au tems. Il faut néanmoins lui rendre justice, quand il la fait, c'est de manière que le Lecteur attentif ne sauroit s'y méprendre ; il ne jette qu'une gaze légère sur ses véritables sentimens ; & si alors ce Génie, dont l'érudition étoit si profonde & si variée, s'appuye sur quelques autorités, il choisit toujours celles qui combattent plus précisément son opinion apparente. C'est ainsi que sur la thèse dont il s'agit, après avoir excusé plutôt qu'établi la bonté du commerce des Offices, il cite Suidas : « Qui » dit très - bien qu'Anastase avoit » fait de l'Empire une espèce d'Aris-

» *tocratie, en vendant toutes les*
» *Magiſtratures* ».

*Or, qui penſera jamais que celui
qui diſoit :* Je rends graces au Ciel
de m'avoir fait naître dans le Gouvernement où je vis, & de ce qu'il
a voulu que j'obéiſſe à ceux qu'il
m'a fait aimer ; *que celui qui répétoit avec enthouſiaſme :* Si je pou-
vois faire enſorte que tout le monde
eût de nouvelles raiſons pour aimer
ſes devoirs, ſon Prince, ſa patrie,
& ſes Loix, je me croirois le plus
heureux des mortels; *qui penſera,
dis-je, qu'un tel homme pût approu-
ver de bonne-foi une inſtitution, qui
n'alloit à rien moins qu'à changer*

la conſtitution du Royaume ? Non,
l'idée d'applaudir à un établiſſement
quel qu'il ſoit, lorſqu'il paroîtra contraire, ne le fût-il pas, à l'eſſence de
cette Monarchie que nous aimons ,
ſous laquelle nous ſommes nés, ſous
laquelle nos pères ont vécu, ſous laquelle nous exiſtons depuis plus de
douze ſiècles ; une idée auſſi coupable
ne ſauroit entrer dans le cœur d'aucun François ; on peut donc aſſurer
qu'elle n'a jamais approché de l'ame
patriote de l'immortel Auteur de
l'Eſprit des Loix (a).

―――――――――――――――――――

(*a*) La vénalité eſt d'ailleurs oppoſée au
fyſtême de l'Eſprit des Loix. Monteſquieu
y poſe l'*Honneur* pour principe du Gouvernement Monarchique. Mais que devient

Au reſte, Monteſquieu n'eſt ni le ſeul, ni le premier qui ait cru s'appercevoir de la tendance, qu'un Collège de Magiſtrats propriétaires de leurs Charges, donne à l'Etat vers l'Ariſtocratie. Voici ce que je trouve dans un petit Traité de la Politique de France, par M. P. H. Marquis de C. imprimé à Cologne en 1669, pag. 62 : C'eſt ce qui ne peut pas ſe diſſimuler, les Parlemens, qui ſont une partie du

---

l'Honneur lorſqu'il s'agit d'argent ? Tout ce qu'on peut acheter eſt vil ; *Quod pretio æſtimatur, vile eſt,* dit *la Loi*; &, ſelon Hérodian : « L'Empire même commença d'être » mépriſé, dès qu'on eut commencé à le » vendre ». *Arniſæi Politica, Cap.* 13.

Gouvernement aristocratique dans l'Etat, sont entièrement opposés au Gouvernement monarchique. L'Aristocratie est ennemie de la Royauté, &c. (*a*).

Si, malgré le soin que j'ai pris de recueillir tant de voix en ma faveur, quelques esprits prévenus ou passionnés, s'obstinoient à me proscrire avec ces Personnages célèbres, dont je ne suis que l'écho ; je m'en consolerai, en me disant à moi-même ce mot d'un fameux Général Athé-

———————————

(*a*) Il y a eu plusieurs éditions de cet ouvrage. Celle que je cite est la premiere ; mais ce que j'en rapporte a été conservé dans toutes les éditions postérieures.

nien , à un de ſes compatriotes , qui ſe plaignoit d'être condamné à la mort comme lui : Eh ! n'es-tu pas trop heureux , puiſque tu partages le ſort de Phocion ?

TABLE.

Fin de la Table.

ESSAI

ESSAI

SUR
LE BARREAU
GREC, ROMAIN
ET FRANÇOIS,
ET

*Sur les moyens de donner du lustre
à ce dernier.*

DES JUGEMENS.

Rendre à chacun ce qui lui est dû : voilà le fondement de toute société. Tant que les hommes,

A

fimples & peu nombreux , purent facilement appliquer ce principe , ils vécurent dans l'innocence & la tranquillité , fans loix ni magiftrats.

Mais dès que les combinaifons plus variées de l'intérêt perfonnel , jointes aux illufions de l'amour-propre , eurent rendu cette application plus difficile , il fallut avoir recours à l'arbitrage d'un tiers. Voilà le premier jugement. Ce tiers ne put être que quelque perfonnage diftingué aux yeux du vulgaire par des qualités fingulières ; fa décifion fut fuivie ; le choix de la confiance devint bientôt l'objet de la vénération, & le premier juge fut le premier roi. Ainfi montèrent fur le trône ,

Minos chez les Crétois, & Déjocès chez les Mèdes (*a*).

Si la cause parut trop importante pour que l'on crût devoir s'en tenir à l'avis d'un seul homme; s'il fallut en rassembler plusieurs, comme une discussion régla toutes les autres, & que chacun se persuada que son affaire étoit la plus intéressante, on continua de consulter les mêmes arbitres, & peu-à-peu l'autorité se retirant dans leurs mains, donna naissance au gouvernement aristocratique.

(*a*) Voyez Hérodote en Clio, & Hésiode dans sa Théogonie, qui dit :

Hac uná reges olim sunt fine creati
Dicere jus populis, injustaque tollere facta.

Mais si quelqu'acte violent ré-
veilla l'attention générale ; si tous les
habitans du canton se réunirent pour
punir celui qui les avoit effrayés,
cette confédération universelle , qui
constituoit le souverain exerçant ses
droits , forma la premiere démo-
cratie.

DES ORATEURS.

TEL est le sort des meilleures choses ; c'est aux mauvaises qu'elles
doivent leur existence : sans les maladies la médecine n'eût jamais été
cultivée. La dépravation des mœurs
avoit fait promulguer les loix , le

deſir de les enfreindre impunément,
créa les orateurs.

L'établiſſement des loix dut être
ſuivi de près de l'art de les expliquer, quoi qu'ait prétendu Collu-
melle (*a*). Où le légiſlateur décida,
s'il eût un ami, on pria cet ami
d'expoſer une cauſe douteuſe. Où
pluſieurs aſſemblés prononcèrent,
on choiſit celui de ſes compatriotes

(*a*) *Sine cauſidicis ſatis felices olim fuere
futurœque ſunt urbes. De re ruſticâ.* Lib. 4.
Thomas Morus veut qu'en Utopie il n'y
ait point d'avocats ; mais Utopie & la république de Platon n'ont jamais exiſté que dans
l'imagination de leurs auteurs. On a dit encore que les Egyptiens ne ſe ſervoient point
d'avocats. Diodore de Sicile cité à ce ſujet,
dit, liv. 2, chap. 3, *que l'on ne plaidoit que
par écrit.* Eſt-ce les exclure ? ou plutôt n'eſt-ce
pas les ſuppoſer ?

dont le langage difert fembla plus propre à perfuader. De forte que, dans le premier cas, on employa le crédit, tandis que dans le fecond on s'adreffoit au mérite. Auffi l'éloquence ne brilla-t-elle prefque jamais dans les pays du gouvernement defpotique; &, felon la remarque de Montaigne (*a*), « On n'a point » vu fortir de grands orateurs de » Perfe, ni de Macédoine ». Ce fut donc dans les républiques qu'ils triomphèrent, mais Athènes & Rome furent leurs plus éclatans théatres.

(*a*) Liv. 1, chap. 51.

DU BARREAU
D'ATHÈNES.

LES Athéniens étoient possédés de la manie de juger. Sur dix-huit mille citoyens, il y avoit six mille juges, sans compter le célèbre tribunal de l'Aréopage, où l'on ne prononçoit que sur les délits dans lesquels il y avoit eu du sang répandu.

Il étoit ordonné aux orateurs qui parloient devant les Aréopagites, de s'en tenir scrupuleusement au fait, de supprimer l'exorde, la péroraison, & tous les ornemens oratoires (*a*); & afin que rien ne détournât l'attention des juges , on n'y plaidoit que la nuit (*b*).

Les juges étoient partagés en différens tribunaux , le plus confidérable étoit celui qui fe tenoit dans un lieu nommé *Eliœa* , d'où les juges font fouvent appellés Eliaftes (*c*).

L'endroit où le peuple fe raffembloit avoit nom *Pnix* , de-là vient que dans une ancienne comédie (*d*), deux efclaves qui repré-

------

(*a*) *Lucianus de Gymnafiis.*
(*b*) Idem. *Hermotimus , five de fectis.*
(*c*) Idem. *De Gymnafiis.*
(*d*) Les Chevaliers d'Ariftophane.

fentent

sentent deux officiers généraux, disent pour désigner le peuple d'Athenes que c'est un vieillard *Pnixien* de nation.

Les loix étoient simples, peu multipliées ; & comme chacun les connoissoit, tous les citoyens étoient jurisconsultes. Le seul art de bien parler distinguoit un orateur du reste du peuple.

Il paroît que l'orateur ne pouvoit pas lire lui-même les piéces dont il se servoit, non plus que les décrets, & les loix sur lesquels il s'appuyoit, de peur sans doute qu'il n'en altérât le contexte ; c'étoit le greffier qui, d'après son indication, en faisoit la lecture tout haut. (*a*)

____

(*a*) Voyez les harangues de Démosthènes.

On fixoit un tems aux orateurs pour parler dans les affaires particulières. Au moyen d'un vase (*a*) qui laissoit tomber l'eau goutte à goutte, comme nos horloges de sable, le jour se partageoit en trois. La première partie étoit donnée aux accusateurs, la seconde aux accusés ou à leurs défenseurs, & ce qui restoit de jour étoit employé à balotter l'accusé, & à prononcer un jugement (*b*).

Les honoraires d'un orateur étoient arbitraires, mais il paroît qu'ils étoient au moins doubles de

____

(*a*) La Clepsidre.
(*b*) *Voyez* Eschines contre Cthésiphon.

ceux du juge. Ariſtophane dans les Guêpes, fait dire par un fils, à ſon pere entêté de la judicature : « ſi
» vous arrivez trop tard vous n'êtes
» pas introduit, & point de trio-
» bole ; tandis que le jeune fils de
» Chairée entre, eſt écouté, &
» remporte une drachme pour avoir
» plaidé (*a*) : que s'il reçoit un
» préſent de quelque riche ſcélérat
» qui veuille ſe tirer d'intrigue, il par-
» tagera le gâteau avec les premiers
» magiſtrats, l'affaire s'accommode,
» & le juge, ignorant le manége
» de ces meſſieurs, eſt réduit à

(*a*) La drachme valoit 10 ſols, & le triobole 5 ſols.

» faire la cour au tréforier pour
» en tirer fa demi-drachme ».

Le trait du poëte comique au fujet des préfens que l'on faifoit aux orateurs, ne porte point à faux. Polus (*a*) fameux hiftrion, fe vantoit à Démofthènes d'avoir reçu un talent pour parler deux jours ; « & » moi, lui dit l'autre, j'en ai reçu » cinq pour me taire une demi- » journée ».

Antiphon, du bourg de Rham- nufe, fut, fi l'on en croit Ammian, le premier qui proftitua l'éloquence

____

(*a*) Aulu-Gelle, dit Ariftodemus : *Voyez* Plutarque, Œuvres-Morales, Vie des dix Orateurs.

en mettant ſes harangues à prix. Quoiqu'il ne les prononçât pas lui-même, ſon exemple n'influa pas moins ſur le barreau que ſur le cabinet ; en effet, dès qu'il faut une récompenſe pour écrire, pourquoi n'en exigeroit-on point pour réciter ?

Mais les orateurs avoient des aiguillons bien plus puiſſans que le lucre pour s'exciter à remporter le prix de leur art ; la gloire & les honneurs.

Toutes les cauſes pouvoient être déférées au peuple, & quand on étoit devant lui, il ne s'agiſſoit pas de l'interprétation de quelque point de droit obſcur ; il s'agiſſoit d'abroger ou de confirmer la loi. Après avoir préludé, pour ainsi dire, dans les caufes civiles, les orateurs parloient du gouvernement, confeilloient la guerre ou la paix, propofoient des décrets, ou s'oppofoient à leur exécution, & le peuple qui donnoit les charges, les emplois & les dignités, choififfoit parmi les orateurs fes députés, fes magiftrats & fes généraux, felon cet adage : *parle pour que je te voye.* Qu'on ajoûte la flatteufe idée d'enchaîner les volontés d'une affemblée nombreufe, de fixer fur foi les yeux & l'attention de plufieurs milliers d'hommes, & l'on concevra facilement que d'auffi grands motifs dûrent porter l'éloquence au plus haut degré de perfection.

Pisistrates est le plus ancien de ceux qui la cultivèrent avec succès : (*a*) son élocution mâle & hardie lui donna tant d'ascendant sur les Athéniens, que malgré les sages conseils de Solon, ces fiers républicains préférèrent au doux état de la liberté, le joug de la servitude : il fit plus ; après leur avoir donné des chaînes, il les leur fit aimer.

Périclès vint ensuite. On raconte que la premiere fois qu'il parut dans la tribune aux harangues (*b*),

_____

(*a*) Valere Maxime, liv. 8.
(*b*) *Idem.* chap. 9.

un vieillard qui dans fa jeuneffe avoit
entendu Pififtrates, s'écria : « ô!
» mes amis, défiez-vous de celui-
» ci, il a la voix, les accens, le
» langage de Pififtrate, je le recon-
» nois lui-même. Adieu la liberté. »
Il eut raifon, il ne manqua que le
nom de tyran à Périclès, il le fut
en effet.

L'antiquité nous l'a repréfenté
fous plufieurs emblêmes : tantôt il
eft peint comme Jupiter lançant la
foudre, au milieu du tonnerre &
des éclairs; tantôt comme un guerrier adroit, dardant fon javelot d'une
main fûre; & l'enfonçant à fon gré
dans le cœur de ceux qui l'écoutent; en vain l'affemblée fe diffipe,
chacun

chacun emporte le trait qui l'a percé, & Périclès triomphe.

Ce siècle fut fécond en grands orateurs, parmi lesquels Lysias se distingua : la douce persuasion couloit de ses lèvres ; il sut allier, par un art merveilleux, la précision à l'harmonie. Rien de trop, rien de trop peu : ajoutez un mot à sa phrase (*a*), vous en faites évanouir le nombre ; retranchez-en un seul, le sens est détruit. Toujours soutenu, toujours semblable à lui-même ; il s'élève sans se perdre dans les nues, il descend sans raser la terre. Il fit, pour justifier Socrates, un dis-

____

(*a*) Aul. Gel. liv. 2, chap. 5.

C

cours, auquel le philoſophe ne trouva d'autre défaut que d'être un chef-
d'œuvre.

Il eut pour ſucceſſeur Iſœe,
copiſte heureux qui ſut égaler Ly-
ſias, & fut le maître de Démoſthènes.

Le nom de ce dernier n'eſt pas
le nom d'un homme éloquent,
c'eſt celui de l'éloquence même. Son
ſtyle ſerré, vif & preſſant étonne,
ébranle, & renverſe; ſemblable au
torrent, il entraîne dans ſa marche
impétueuſe tout ce qui s'oppoſe à
ſes efforts. Qui ſait mieux enflam-
mer les timides, fixer les irréſolus,
animer les lâches? Avec quelle
adreſſe il expoſe les entrepriſes de

Philippe, & développe fes deffeins
pour le rendre odieux ! Avec quel
art il relève fes défauts, & jette
fur lui le ridicule le plus amer pour
le rendre méprifable ! Auffi le roi
de Macédoine, de tous les Athéniens, ne craignoit que notre orateur. « C'eft mon feul ennemi,
» difoit-il, armes, flottes, foldats,
» munitions, alliés ; l'éloquence de
» Démofthènes a tout tiré du néant,
» fans lui l'Attique me feroit un
» pays plus ouvert que la Thef-
» falie (*a*) ».

L'on eft effrayé des obftacles,

____

(*a*) *Lucian. Demofthen. Encom.*
Pour avoir Démofthènes en fon pouvoir, il
offrit à la République la ville d'*Amphipolis.*

que le defir de fe rendre illuftre
fit furmonter à Démofthènes. Son
organe étoit foible, fa prononciation embarraffée, fon maintien des-
agréable; la nature lui avoit tout
refufé, il fe donna tout. Après avoir
entendu Platon & Calliftrate, &
pris des leçons d'Ifœe pendant quatre
ans, il copia huit fois de fa main
l'hiftoire de Thucidide pour fe former à fa manière. Afin de s'aguer-
rir contre le tumulte de la populace,
& corriger le défaut de fa langue,
il alloit fur le bord de la mer, &
quand le vent élevoit fes flots, la
bouche pleine de petits cailloux, il
prononçoit d'une haleine les plus
longues tirades. En fe confidérant

devant un grand miroir, il vint à bout de perfectionner son geste; six mois de séjour constant dans une chambre souterreine, où il déclamoit sous une lance dont la pointe étoit tournée vers son épaule, le guérirent de l'habitude de la lever sans cesse disgracieusement. C'est au prix de tant de travaux qu'il éclipsa la réputation de tous ses prédécesseurs, devint un modèle désespérant pour ceux qui le suivirent, & ne vit qu'un seul de ses contemporains digne de parler aux hommes qui l'avoient écouté.

Cet homme unique fut Phocion. Démosthènes qui regardoit, auprès de lui, les autres orateurs comme

des enfans qui bégayoient à peine,
ne voyoit qu'en tremblant Phocion
se lever pour hacher ses harangues ;
c'est ainsi qu'il s'exprimoit. Mais
ce Phocion, plus éloquent que Démosthènes, étoit encore plus homme de bien qu'éloquent ; aussi a-
t-on oublié qu'il fut le plus grand
orateur d'entre les Grecs, pour se
souvenir qu'il en fut le plus juste &
le plus respectable, tant la gloire de
la vertu est au-dessus de toute autre
gloire.

Quoique les antagonistes de ces
deux hommes célèbres ne leur fus-
sent pas comparables, ils n'étoient
point sans mérite. Les anciens ont
souvent parlé avec des marques

d'eſtime d'Æſchines & d'Hipéride.

Le premier avoit la voix ſonore, & l'action aiſée. Sa compoſition étoit châtiée, pleine & facile. On lui trouvoit même, pour me ſervir du mot de Quintilien (*a*), plus d'embonpoint qu'à Démoſthènes, mais moins de force & de nerf. Il nous reſte de lui ſa harangue contre Ctéſiphon, qui eſt plutôt une ſatyre ſanglante de Démoſthènes, par laquelle il tâche, en décriant ſa geſtion, de le faire regarder comme l'auteur de tous les malheurs arrivés à la république. Il fut banni d'Athènes en cette occaſion, n'ayant pas eu pour

____

(*a*) *Inſtitut. Orat.* lib. 10.

lui le fuffrage de la cinquième partie des citoyens. Comme il s'en
alloit triftement à fon exil, il apperçut fon adverfaire accourant à che-
val, Æfchines fe crut perdu ; fe jettant donc à genoux, & cachant
fon vifage, il imploroit la clémence
de Démofthènes, mais les grands
talens ne voyent pas un ennemi dans
un rival ; celui-ci le fait relever, le
plaint, le confôle, & lui remet un
talent d'argent (*a*). Æfchines fe
retira à Rhodes, où il fonda une
école fameufe.

Hipéride excelle à peindre les

(*a*) Œuvres morales de Plutarque, Vie de
Démofthènes.

mœurs, nous dit Longin (*a*); il
eſt varié, fleuri, plein de douceur
& de grace. Il conte bien, il
raille finement; mais on ne trouve
chez lui aucun de ces traits de feu
qui raviſſent l'ame. Toujours tran-
quille, toujours à jeun, pour ainſi
dire, il ne connoît ni les élans du
génie, ni ſon yvreſſe victorieuſe :
on le lit ſans ennui, mais ſans tranſ-
port; & ſi on le prend avec quelque plaiſir, on le quitte ſans aucune peine. Ses mœurs méritent
moins d'éloges : d'ami de Démoſthènes il n'eut pas honte de devenir
ſon accuſateur, & de contribuer de

(*a*) Traité du Sublime, chap. 8.

D

tout son pouvoir au bannissement de cet homme célèbre. Il défendoit Phriné convaincue d'impiété ; ses juges alloient la condamner, quand Hipéride déchirant la robe de sa cliente, expose ses attraits à leur vue : Phriné fut absoute.

Dans l'âge suivant l'éloquence dégénéra. Démétrius de Phalère prépara sa décadence. Incapable d'atteindre à la sublimité de ceux qui venoient d'illustrer le barreau ; il chercha à se distinguer par un choix affecté de mots harmonieux, par l'arrangement & la cadence de ses périodes. Il réussit. C'est un ruisseau qui coule sur un sable brillant, son onde est lympide, son murmure est doux, le voyageur vient avec empreſſement ſe repoſer ſur ſon rivage, il y rencontre la fraîcheur & le ſommeil.

Après lui ce n'eſt plus un déclin, c'eſt une chute. Avec la liberté les Orateurs s'évanouirent. Dans cette même tribune où Périclès avoit ému, où tonnoit Démoſthènes, où le Phaléréen venoit de ſéduire; il ne monta plus que de vils flatteurs pour propoſer des décrets, ou déclamer le panégyrique de diverſes puiſſances qui ſubjuguoient les unes après les autres, cette ville jadis le berceau des défenſeurs de la Grèce.

Le barreau lié à la tribune aux

harangues, subit le même sort. Les Grecs devinrent tous sophistes ou rhéteurs. Ils avoient perdu la véritable éloquence, & ils prétendoient donner aux étrangers des règles pour l'acquérir.

DU BARREAU ROMAIN.

LA législation romaine fut dans une fluctuation si continuelle : son ensemble, composé de loix grecques, de décisions royales, d'anciennes coutumes, de sénatus-consultes, de plébiscites, de constitutions, de rescrits d'Empereurs, &

de conseils des Prudens ; fut si immense, si bigarré, qu'il étoit impossible au même homme de s'occuper en même-tems de l'étude du droit, & de la connoissance de l'art oratoire.

Justinien (*a*), qui rédigea & abrégea la jurisprudence, nous dit que les matériaux en étoient épars en 2000 volumes (*b*), contenant près de trois millions de versets. Dans toute sa vie à peine pouvoit-on

---

(*a*) L'an de Rome 1400. Cet abrégé contient 50 livres, 8135 paragraphes, & près de 155000 versets ou lignes. Ces 50 livres forment les Pandectes, & on ne comprend ni le Code, ni les Constitutions, ni les Novelles, ni les Instituts.

(*b*) Voyez le Proëme du Digeste.

fe flatter d'avoir lu ce que l'on auroit dû favoir par cœur.

Auffi les fonctions du barreau s'étoient-elles divifées à Rome. Afconius Pédianus, dans fes notes fur Cicéron, nous apprend (*a*), *que celui qui en défendoit un autre en jugement s'appelloit* Patronus, *s'il étoit orateur;* Advocatus, *s'il affiftoit fon ami de fa préfence, ou fuggéroit le droit à l'orateur;* Procurator, *s'il s'étoit chargé de l'af-*

____

(*a*) *Qui defendit alterum in judicio, aut* Patronus *dicitur, fi orator eft; aut* Advocatus, *fi aut jus fuggerit, aut præfentiam commodat amico; aut* Procurator, *fi negotium fufcipit; aut* Cognitor, *fi præfentis caufam novit, & fic tuetur ut fuam. Afc. Ped. in 2. Cæcil. divinat. cap.* 4.

faire; ou Cognitor, *si, en présence du plaideur dont il connoissoit la cause, il la défendoit comme sienne.*

On voit que le *Procurator* & le *Cognitor* formoient à-peu-près nos procureurs d'aujourd'hui.

Mais Asconius ne parle pas d'un ordre dont nos avocats réunissent les occupations, celui des Jurisconsultes : leur histoire tient de trop près à celle du barreau pour que nous imitions son exemple.

L'ancien Papirius qui fleurissoit vers le commencement de la république, fut le premier Jurisconsulte ; il recueillit les ordonnances des rois, & sa compilation fut nommée le Code Papirien. Appius Clodius le

Décemvir , compofa enfuite les douze tables que l'on fit long-tems apprendre aux enfans. Son petit-fils Claudius Cœcus rédigea la formule des actions. On trouve enfuite les Coruncanus, les Ælius Pœtus, & les Marcus Manilius donnant leurs confeils en fe promenant fur la place publique; ou affis à leur porte, avec une fimplicité bien digne des beaux fiècles de Rome. Scipion Nafica vint après; il fut eftimé le plus honnête homme de fon tems, il avoit joint à cette exacte probité, une connoiffance profonde des loix de fon pays, & ce fut autant pour honorer fon mérite, que pour récompenfer fa vertu que le peuple

lui

lui donna une maison dans laquelle on venoit le consulter comme un oracle. Il seroit trop long de citer ici, les Fabius, les Caton, les Torquatus, &c. Scævola dont on mettoit le nom dans toutes les commissions des magistrats, comme de celui qui devoit leur servir de modèle ; & ce Rutilius, qui, sollicité par un ami de lui accorder une chose injuste, le refusa fermement ; & comme l'ami insistant lui disoit : « Si mes prières
» ne peuvent rien obtenir de vous,
» à quoi me sert donc votre amitié?
» Et la vôtre, reprit-il, à quoi
» me sert-elle, puisqu'elle ne vous
» empêche pas de me demander
» mon déshonneur?

E

Jusqu'au tems d'Auguste, tous ceux qui se sentoient des talens pouvoient les exercer, & répondre aux consultans (*a*). Plusieurs même s'engageoient dans cette carrière sans être fort instruits de la jurisprudence. Tel étoit ce P. Consa, lequel interrogé sur un fait par le juge, répondit devant Cicéron : « Qu'il n'en savoit absolument rien ; » vous croyez, peut-être, dit l'O- » rateur, qu'on vous propose quel- » ques questions de droit » ?

Pour donner plus d'autorité à leurs réponses, Auguste voulut que

----

(*a*) *Licet-ne consulere ?* disoit-on en abordant un Jurisconsulte.

les Jurifconfultes répondiffent dé-
formais au nom de l'Empereur, &
il choifit ceux qu'il jugea les plus
capables. Auparavant quand on demandoit fon avis à quelqu'un d'eux,
il écrivoit au juge , ou il fe con-
tentoit de répondre de vive - voix
à la partie , qui atteftoit enfuite par
ferment que tel étoit le fentiment
de celui qu'elle avoit confulté. Octave enjoignit aux Jurifconfultes
d'écrire & de figner leurs conful-
tations. Il leur accorda le temple
d'Apollon pour s'y raffembler , &
y rendre des décifions folemnelles.
Il fit mettre près de ce temple (*a*),

(*b*) *Juris peritus Apollo.* Juv. fat. 1.

dans une maifon qu'il orna d'un
fuperbe portique, une très-belle bibliothèque à leur ufage. Ses fucceffeurs fe réfervèrent auffi le droit
de nommer les Jurifconfultes. Les
noms de la plûpart font venus jufqu'à
nous ; tels que celui de Caius,
d'Aufidius, de Cinna, des deux
Nerva ; de Mafurius Sabinus, le
premier qui tira fa fubfiftance des
leçons qu'il fit fur le droit ; de
Nératius, l'ami de Trajan, à qui
l'on crut qu'il laifferoit l'empire ;
d'Ulpian, le favori d'Alexandre
Sévère ; de Pomponius, & enfin des
37, des ouvrages defquels Tribonian & fes cinq compagnons,
composèrent la compilation qu'on

nomme le Digeste. Les Empereurs n'accordèrent pas toujours cette grace à des hommes dignes de la recevoir; témoin ce Tubéro, flateur à gages des deux premiers Céſars ; cet Attécus Capito, aſſervi ſans pudeur aux volontés du cruel Tibère, & qui voulut faire condamner à mort un chevalier Romain, pour avoir fait fondre & mettre en œuvre une ſtatue d'argent repré-ſentant ce monarque ; ce Proculus, qui trahit lâchement la mémoire de ſon bienfaiteur Othon, & racheta ſes jours par une infamie ; & ce Tribonian même, qui, ſelon Suidas, vendit la juſtice & les loix à beaux deniers comptans ; tourmenté de la soif de l'or (*a*), rien ne put

affouvir fon avarice ; adulateur im-

(*a*) Suidas *verbo*. *Prifcos Emiffenos*, dit : Qu'un infigne fripon économe de l'églife d'Emiffene, ayant trouvé dans les papiers de fon églife, le teftament d'un certain Mamianus, fait depuis 40 ans, par lequel il inftituoit l'églife d'Emiffene fon héritière, fit connoiffance de *Prifcus*, le premier fauffaire du monde. Il lui perfuada de contrefaire différens actes publics, par lefquels des gens riches, qui avoient vendu du tems de Mamianus, reconnuffent lui devoir de grandes fommes.

Ces actes furent faits avec tant d'art, le caractère, & le feing des notaires furent fi bien imités, qu'il étoit impoffible de fonger à les arguer de faux ; auffi les prétendus débiteurs n'eurent recours qu'à la prefcription. Mais le fcélérat d'économe n'avoit pas envie de perdre le fruit de fon damnable artifice. Il corrompit Tribonian, lequel par fon crédit obtint de l'Empereur une déclaration, portant que la prefcription centenaire feulement, auroit lieu contre l'églife.

pie, il ne tint pas à lui que Justinien ne se crût immortel; il fit
tous ses efforts pour le lui persuader : mais on peut opposer à ceux-
là, Caßelius, qui, dans l'esclavage
de la chose publique, répond à ses
amis, qui l'exhortoient à s'observer
dans ses discours, « Qu'un vieillard
» sans famille, devoit braver les
» tyrans (*a*) ». Labeo qui nomme
pour remplir une place au sénat,
Lépidus à Auguste; & comme
Octave lui demande s'il ne connoissoit personne qui la méritât
mieux : « Chacun a son sentiment,

____

(*a*) Sueton. *in Vitâ August.*

» replique-t-il (*a*) ». Nerva, l'ami de Tibère, se laissant mourir de faim, malgré les instances de ce prince quand il reconnoît son caractère atroce, & qu'il le voit se livrer à tous les vices qui l'ont si justement flétri chez la postérité ; & Papinian qui, sollicité par Caracalla, de justifier au sénat (*b*) l'assassinat de son frère, lui répond courageusement : « Qu'il étoit plus facile de » commettre un fratricide, que » de l'excuser » ; & lorsque l'Empereur le presse de lui dicter au moins un discours, par lequel il puisse

---

(*a*) Tacit. *Annal. lib.* 6.
(*b*) *Lampridius.*

rendre

rendre Géta odieux, en l'accufant de quelque Crime: « C'eft, lui ré-
» pond notre magnanime Jurif-
» confulte, un fecond parricide,
» de calomnier un innocent mis à
» mort ».

Depuis Juftinien, il n'y eut plus que des Avocats (*a*). La rédaction des loix achevée, il ne s'agiffoit que d'aller chercher dans le livre qui les contenoit la folution des difficultés, & dans les

---

(*a*) Il ne faut pas croire néanmoins, que ces deux profeffions fuffent tellement féparées, que l'on ne pût les exercer toutes les deux à la fois : on trouve plufieurs hommes qui les ont réunies ; tels que Caton, Sulpitius, Trébatius, & d'autres.

F

différens cas, de choisir les loix qui leur étoient applicables.

D'abord on donna gratuitement les avis sur les loix; mais ensuite on les vendit, & on les vendit très-chèrement. Un Aminius Rébius acquit dans cette profession des richesses immenses; & le Jurisconsulte Didius Julianus voyant l'Empire à l'encan, eut assez d'impudence pour l'acheter, & assez de bien pour en compter le prix aux soldats (*a*).

Les Orateurs précédèrent à Rome les Jurisconsultes. Dès le commencement qu'elle fut établie,

____

(*a*) Dion Cassius.

Proculus harangue les Romains pour leur annoncer l'apothéofe de Romulus ; Horace défend fon fils devant le peuple ; Ménénius ramène la commune retirée fur le mont Aventin ; Numitor, oncle de Virginie, prend fa défenfe au tribunal d'Appius ; le poëte Ennius appelle Céthégus la moëlle de la perfuafion (*a*) ; & enfin Caton l'ancien, joignant la connoiffance du droit à la facilité de s'exprimer , commence à exercer fur fes concitoyens l'empire de la parole. Il paroît que de fon tems, on excitoit les jeunes gens à accufer les hommes puiffans

____

(*a*) *Suadæq ; medulla.*

devant le peuple; lui-même traduisit en jugement soixante-dix-sept de ses compatriotes, il fut accusé quarante-quatre fois, & toujours absous (*a*). Cicéron le compare à Lysias, « qui » fut, dit-il, louer plus digne- » ment (*b*), blâmer avec autant » de véhémence, & placer les » fentences avec plus d'art? Eft-il » quelqu'un qui ait difcuté un fait, » ou en ait préfenté les circonftan- » ces avec plus de fubtilité » ?

Cependant ce n'étoit pas tout-à-fait là l'idée que l'on avoit de Caton, ainfi que le témoignent les haran-

____

(*a*) Pline.
(*b*) *In Bruto, feu de Clar. Orat.*

gues qui lui font attribuées par Tite-Live (*a*). On y trouve, il eft vrai, de la vigueur & du feu ; mais on y voit en même-tems une forte de rudeffe & d'afpérité, bien différentes de l'atticifme & de la molleffe de l'Orateur Athénien.

Les deux Gracches furent doués du plus beau naturel, & du génie le plus décidé à la grande éloquence. Il ne manqua au fecond que d'être venu dans le fiècle de Cicéron, pour égaler ce prince des Orateurs. On raconte qu'il emmenoit avec lui dans la tribune aux

______

(*a*) Et dans la fuite du dialogue , Brutus & Atticus.

harangues, un esclave qui régloit ses tons avec une flûte. Il fut, en affectant de se tourner du côté du peuple, comme vers le souverain, transporter en effet tout le pouvoir à la multitude. Ses discours respirent l'enthousiasme de la liberté & l'amour des mœurs antiques : on y desireroit un peu moins de sécheresse, un peu plus d'art; c'est une statue d'un beau marbre; elle n'est pas achevée, mais c'est une ébauche de Phidias.

Marc-Antoine & Crassus régnèrent ensuite sur le barreau. Un seul trait suffira pour faire connoître le premier. Rome nageoit dans le sang, Marius & Cinna vengeoient impitoyablement l'intérêt de leur parti ; ces deux cruels Généraux envoyèrent maſſacrer Marc-Antoine. L'ordre reçu , leurs affreux ſatellites accoururent furieux , ils ſe précipitent dans la retraite de cet homme célèbre; le fer eſt levé : mais ſon diſcours, plein d'une aſſurance pathétique , réprime leur férocité , les calme, les adoucit ; ils laiſſent tomber à ſes pieds ces armes qu'ils venoient plonger dans ſon ſein (*a*).

Craſſus , l'émule de Marc-Antoine , étoit le plus grand Juriſconſulte de tous les Orateurs ;

______

(*a*) *Valer. Maxim.* , *lib.* VIII. cap. IX.

comme Sulpitius fut le plus grand Orateur de tous les Jurisconsul-tes (*a*).

Une aussi brillante aurore annonçoit un beau jour. Les sanglan-tes querelles de Marius & de Sylla, retardèrent sa naissance: mais lors-qu'après ces violens orages, le calme eut reparu, on vit tous ces héros, qui venoient de conquérir le monde, se disputer à qui lui donneroit des loix. Quel champ pour l'éloquence!

Pompée fit admirer ses heu-reuses dispositions; Caton, sa mâle gravité; Brutus, son austère con-

(*a*) *Cicero. in Bruto.*

cision;

cifion; Callidius, fa fubtilité; Céfar porta dans la tribune, la fupé-
riorité qu'il eut à la tête des armées.

Hortenfius triompha dans la
prononciation : elle s'allioit avec fa
compofition élégante & facile. On
étoit flatté de l'entendre, mais on
étoit charmé de le voir. Efope &
Rofcius, les deux premiers acteurs
de Rome, venoient en l'écoutant,
prendre, s'il eft permis de s'exprimer ainfi, la belle nature fur le
fait. Ils imitoient fon ton plein de
chaleur & de vérité, & tâchoient
de reporter fur la fcène, fon maintien noble & fes graces décentes :
mettons le comble à fon éloge ;
Ciceron ne l'éclipfa pas.

G

Ciceron avoit 26 ans, quand il plaida fa première caufe. Après avoir paffé fa jeuneffe à s'inftruire dans toutes les fciences, & s'être long-tems exercé, il parut au barreau avec l'applaudiffement univerfel ; mais les applaudiffemens ne pouvoient tromper Ciceron. Ayant fenti qu'il étoit loin encore du point de perfection où il afpiroit, il quitta le théatre de fa gloire, & fe rendit à Athènes. C'eft dans ce féjour qu'il acquit cette fleur de bien dire, qu'on n'eut jamais à un plus haut degré ; il parcourut enfuite l'Afie entière, converfant avec tous les hommes célèbres, profitant de leurs leçons & de leurs exemples ;

& ayant employé trois ans à s'en-
richir de connoiſſances étrangères,
& à perfectionner les ſiennes, il
revint dans ſa patrie montrer aux
Romains, maîtres de l'univers, un
génie égal à leur empire.

En effet, jamais on ne poſſéda
plus éminemment le grand art de
tranſmettre aux autres, ſes idées
ou ſes ſentimens. Philoſophe profond, Rhéteur judicieux, Epiſto-
laire inimitable; il eſt tout ce qu'il
veut être, & comme il veut
l'être.

Dans ſes oraiſons, il peut ſeul
entrer en parallèle avec Démoſthènes. Sans ſuivre la même route,
il alla peut-être auſſi loin dans la

carrière que son rival. Il n'a pas tant de précision, il a plus d'abondance. On ne peut rien retrancher à l'un; on ne peut rien ajouter à l'autre. Le premier semble entraîné par son sujet; le second paroît toujours maître du sien. Vous ne sauriez résister à celui-là; vous cédez sans peine à celui-ci. Le Grec est un guerrier terrible qui taille en pièces son ennemi; le Latin est un athlète robuste qui l'accable de son poids. Avec l'Athénien on est indigné, on tressaille, on frémit; avec le Romain, on est ému, attendri, transporté. On les compare sans cesse, sans oser prononcer; & la palme de l'éloquence demeurera

fans doute éternellement indécife,
s'il n'eft réfervé qu'à un plus grand
Orateur qu'eux, de nommer celui
des deux qui la mérite.

Ciceron ne laiffa pas fes fecrets
à ceux qui lui furvécurent. Les
couleurs fi vives de fon élocution
commencèrent à fe faner dans les
mains du fleuri Meffala ; elles fe
flétrirent dans celles du bourfouf-
flé Corvinus ; le nombre heureux
& la belle mélodie de fa phrafe
s'évanouirent dans les écrits de
Gallion & de Sénèque ; fes figures
véhémentes firent place à l'affectation des fentences ; l'art de toucher & d'émouvoir fe perdit avec
lui, & l'on fe contenta d'étonner

l'auditeur par des pointes frivoles ou des antithèfes puériles. En vain Quintilien voulut ramener la faine éloquence par ces préceptes ; après Pline le jeune, qui fut le Démétrius de Phalère des Latins, on n'en trouve aucuns veftiges dans les fiècles fuivans ; & les pitoyables Panégyriftes des Empereurs ne fe diftinguent pas davantage par l'excès de leur adulation, que par celui de leur mauvais goût.

Mais nous allons revenir fur l'hiftoire du barreau. Avant Céfar, le Peuple pouvoit juger dans toutes les caufes, & c'étoit toujours lui qui décidoit les plus importantes. Le Sénat, les Préteurs, les Cen-

feurs mêmes ne jugeoient que pré-
paratoirement. Le Forum (*a*), ce
temple de la liberté, & la lice des
plaideurs, étoit en plein air. Les
Orateurs, élevés dans la tribune,
n'étoient point affujettis à parler
pendant un efpace de tems défigné,
& leur nombre dans une caufe
n'étoit pas fixé. Un Orateur pouvoit à fon gré fe livrer à l'impé-
tuofité de fon génie, à la chaleur
de fon imagination; s'il remuoit
la populace, fon but étoit rem-
pli, & des acclamations univer-
felles, des battemens de mains

____

(*a*) *Templum libertatis, & arena litigantium.*
Epiſt. ad Adrian.

redoublés, lui annonçoient fa victoire. Alors l'accufation des per-
fonnages conftitués en dignité, les
factions des puiffans, la diffenfion
des familles illuftres, & les al-
tercations affidues du Sénat & du
Peuple, fournilloient de grands fujets à l'éloquence qui demande,
comme la flamme, de la matière
& de l'agitation pour s'entretenir.
Elle étoit la porte des honneurs,
elle y maintenoit avec éclat ceux
qu'elle y avoit élevés : car un
Conful ou un autre Magiftrat ne
pouvoit pas fimplement donner un
avis, propofer un expédient ; il
falloit les appuyer au fénat par des
raifons, & les faire goûter aux

Romains

Romains assemblés par toutes les ressources de l'art oratoire. D'ailleurs, exposé à de continuelles attaques, il falloit que l'homme en place défendît ses intentions, justifiât sa conduite, & fît retomber sur son ennemi la haine publique dont celui-ci le vouloit charger. En étoit-il sorti, l'éloquence le continuoit en quelque sorte dans la magistrature. On l'admiroit dans les provinces, on le respectoit à la ville; il étoit redouté des grands, estimé des petits, & recherché de tous. Qu'on ne s'étonne donc plus de voir les premiers de la République & les Empereurs eux-mêmes briguer un rang parmi les Orateurs.

H

Ajoutons que, dans certains cas, comme lorfque l'on pouvoit convaincre un Magiftrat d'avoir corrompu les fuffrages, fon accufateur obtenoit fa place, ou il étoit lui-même abfous de ce crime fi on le lui imputoit; quelquefois il avoit une fomme dont le Peuple le gratifioit (*a*).

Céfar ôta toutes fes prérogatives au Peuple (*b*), & réferva

(*a*) Vid. *Man. de leg. Rom.*

(*b*) *Alde Manuce, de leg. Rom.* Gracchus porta le nombre des Juges à 300, de l'ordre des Chevaliers. Plautius en fit tirer 15 des 35 tribus, ce qui fit 525 Juges. Sylla réduifit ce nombre à 300, pris dans les Sénateurs. La loi *Aurelia* laiffa le même nombre, mais le choix s'en fit dans les trois ordres. Pompée en ajouta 60. Céfar retrancha le troifième ordre. Antoine y mit des gens de guerre,

la décifion de la plûpart des affaires au Sénat, à la tête duquel il étoit en qualité de Dictateur perpétuel.

Augufte augmenta le pouvoir & le nombre des Préteurs, dont un préfidoit au tribunal des Centum-virs, qui devint célèbre, d'affez obfcur qu'il étoit auparavant. Ces Centumvirs s'affembloient dans la Bafilique Julienne.

Claude fit monter le nombre des Préteurs à dix-huit, qui tous avoient leur tribunal ; on conçoit que dans tous ces rétréciffemens, & dans toutes ces fubdivifions, la

---

& nomma des Juges parmi fes Centurions ; enfin Augufte en tira d'un quatrième ordre pour juger dans les caufes légères.

majefté & la folemnité des jugemens dûrent s'anéantir : dès-lors le
nom d'Orateur ne fut plus ufité,
on lui fubftitua celui d'Avocat.
Or j'ai dit que les Avocats étoient
ceux qui venoient affifter leurs amis
en juftice. C'étoit auffi des efpèces
de témoins dont on ufoit dans les
occafions ; pauvres affranchis , fur
lefquels les Poëtes comiques s'é-
gayent à-peu-près comme les nôtres
fur les Manceaux , ou les Normands (*a*).

Tacite fait un tableau effrayant

______

(*a*) Voyez Plaute, acte troifième, fcène première du *Pænulus* , où le jeune Agaraftoclès
met les *Advocati* de moitié d'une infigne fri-
ponnerie.

de la juſtice ſous les règnes qui ſui-
virent ceux d'Auguſte. Les mœurs
n'étoient pas moins dégradées que
l'éloquence (*a*). Le barreau étoit
en proie à un tas de vils délateurs,
& l'on ne trafiquoit d'aucune mar-
chandiſe plus ouvertement, que les
Avocats de leur perfidie (*b*).
Samius, Chevalier Romain, donna
dix mille écus à un Suilius qui
n'en trahit pas moins ſa confiance;
ce que le malheureux Chevalier
ayant ſu, il ſe paſſa ſon épée au
travers du corps.

(*a*) Annales, *lib.* 11. Voyez encore la ſep-
tième ſatyre de Juvenal.

(*b*) *Nec quidquam tam venale fuit quam
Advocatorum perfidia.* Tacit. Ibid.

Cet événement engagea le Conful défigné à faire revivre l'ancienne
loi *Cincia* (*a*), qui défendoit aux
Orateurs *de recevoir ni préfent, ni*
argent pour plaider une caufe. Dans
le difcours qu'il tint au Sénat, il
dit : « Que la renommée étoit le
» plus beau prix de l'éloquence,
» & que ce premier de tous les
» arts étoit avili, quand les ames
» baffes qui l'exerçoient, avoient
» en vue d'autres récompenfes ;
» que la foi, l'intégrité étoient
» bien promptement corrompues
» à l'afpect d'un gain confidérable ;
» que fi perfonne ne profitoit à

____

(*a*) Tacit. *Ibid.*

» ce qu'il y eût des procès, il y
» en auroit peu ; mais que les
» Avocats fomentoient les haines,
» les accusations, les inimitiés &
» les injures, pour que la fureur
» de la chicane les enrichît ,
» comme la violence des maladies
» enrichissoit les Médecins ».

Suilius, Cossutianus & les autres
intéressés , se jettèrent aux genoux
de Claude qui leur permit de se
justifier ; ils répondirent : « Qu'au-
» cun homme ne pouvoit se flatter
» d'une éternité de réputation; que
» le nombre des Avocats étoit un
» secours préparé dans l'occasion
» aux foibles, qui sans eux ne pour-
» roient se défendre des puissans ;

» que l'éloquence ne pouvoit s'ac-
» quérir gratis, & que de nécef-
» sité celui qui se mêloit des affaires
» des autres abandonnoit le soin
» des siennes ; que plusieurs cher-
» choient à vivre dans la milice ;
» que pour vivre de même, quel-
» ques autres s'occupoient de la
» culture des terres ; mais que
» personne n'embrassoit un état
» s'il n'y croyoit auparavant apper-
» cevoir quelqu'avantage ; qu'on
» savoit, pour citer des exem-
» ples , les sommes que les
» Clodius & les Curions exigeoient
» de leurs plaidoyers ; que n'étant
» pas des plus aisés du Sénat, ils
» ne demandoient dans ce tems de

paix

» paix que les émolumens de la paix,
» & que fi, tandis que la vile po-
» pulace même cherchoit à briller
» par le luxe des habits, on ôtoit
» aux études leur luftre & leur prix,
» elles feroient bientôt abandonnées
» comme la chofe la moins hono-
» rable ».

Claude eut égard à ces raifons ; il régla que les Avocats pourroient recevoir jufqu'à dix mille
fefterces (*a*), c'eft-à-dire, cent
écus d'or (*b*).

____

(*a*) *Dena feftercia idem quod decem millia H-S. Lipfius loco infrà citato.*

(*b*) Selon Jufte-Lipfe, dans fes notes fur le onzième livre de Tacite, quoique Scioppius, Gronovius & Chanvallon, prétendent que ce foit 250 écus.

I

Cette loi *Cincia*, que le Tribun Cincius fit paſſer l'an de Rome 549, fut ſans doute aſſez ponctuellement ſuivie, tant que la perſpective des grandes charges ſoutint & encouragea les Orateurs; mais dès que cette expectative leur eut été enlevée, la loi *Cincia* ceſſa d'être en vigueur. Auguſte fut obligé d'en faire revivre les diſpoſitions, & nous venons de voir qu'on y eut peu d'égard après ſa mort. Néron, ſelon Suétone (*a*), penſa comme Claude, quoique

____

(*a*) *In Neron. vita. Cap.* **XVII**. *Cautum... ut litigatores pro patrociniis certam juſtamque mercedem darent...*

Tacite nous dise que dès le commencement de son règne, il permit au Sénat d'établir : *Que dorénavant personne ne s'acheteroit un défenseur, ou par des dons, ou par quelque récompense (a)* ; & que ce Suilius dont nous avons parlé, fut depuis banni, sous prétexte de ses contraventions à la loi qu'il avoit fait abolir (*b*). Sénèque ne contribua pas peu à la perte de cet homme, qui montra beaucoup de constance à supporter un châtiment qu'il avoit mérité. Il reprocha au Phi-

______

(*a*) *Ne quis ad causam orandam mercede aut donis emeretur.* Tacit. lib. 13.

(*b*) Tacit. Ibid.

lofophe : « fon inimitié pour toutes
» les créatures de Claude, par le-
» quel il avoit été juftement exilé;
» fa jaloufie contre ceux qui fai-
» fant profeffion d'une éloquence
» mâle & vivante, s'occupoient à
» défendre leurs concitoyens, tandis
» qu'il s'exerçoit à de vaines études,
» dans lefquelles il montroit com-
» bien il étoit accoutumé à l'igno-
» rance de la jeuneffe ». Il lui demandoit enfuite : « S'il croyoit plus
» facile de remporter le prix hon-
» nête d'un fecours que l'on prê-
» toit volontairemert à un client,
» que de féduire & de corrompre
» des princeffes ? Quelle étoit donc
» cette fageffe & cette philofophie,

» dont les préceptes en quatre ans
» de crédit, lui avoient fait acqué-
» rir fept millions d'or & demi ?
» Quant à moi, continuoit-il, « le
» peu que je poffède eft le fruit de
» mon travail ; & je fouffrirai d'être
» accufé, condamné, & tout enfin,
» plutôt que de flétrir l'ancienne
» eftime que je me fuis acquife
» autrefois, en me proflernant
» devant une idole que la fortune
» vient d'élever dans un clin d'œil ».

Trajan confirma depuis le règlement de Claude (*a*) ; & les

______

(*a*) Plin., lib. 5. Epiftol. *Peractis negotiis permittebantur pecuniam dumtaxat decem millium dare.*

décifions de ces deux fouverains fur les honoraires dûs aux Avocats, font confignées au cinquantième livre du Digefte, titre 13, paragraphe 12 (*a*).

Dans l'ancien tems de la République, les accufateurs avoient vingt jours pour raffembler des preuves, & les expofer aux Juges, on en donnoit autant aux accufés ; mais Pompée reftreignit cet efpace, & depuis on introduifit l'ufage de la clepfydre des Gres : chaque Avo-

---

(*a*) *Licita autem quantitas intelligitur pro fingulis caufis ufq. ad centum aureos*

Il paroît même que les Avocats fe faifoient payer d'avance. Ibid. chap. 13 & liv. 19. tit. 2. §. 38. ff.

cat demandoit une, deux, trois clepſydres, ou plus, ſuivant l'étendue de ſa cauſe (*a*).

Marc - Aurele recommandoit qu'on fît bonne meſure d'eau aux Avocats, & les écoutoit avec attention (*b*).

Sous les Empereurs il n'y eut point d'heure fixe pour les audiences, elles dépendoient de leur caprice. Cornélius Fronto, célèbre Avocat, revenoit de ſouper chez un de ſes amis ; il étoit deux ou trois heures après minuit, un client vint l'avertir qu'Adrian étoit ſur ſon

____

(*a*) *Tu clepſidras ingenti voce petiſti*
Quatuor. Mart. Epig.
(*b*) Xiph. abr. de Dion, dans la Vie de Marc-Aurele.

tribunal, Fronto l'y fuivit ; & avant de commencer fon plaidoyer, au lieu de faluer l'Empereur comme on faifoit ordinairement le matin, il lui fouhaita une bonne nuit (*a*).

On retrancha beaucoup de l'an-cienne liberté des Orateurs aux Avocats. Gallicus impatientoit Clau-de, il le fit jetter dans la mer ; celui que défendoit cet infortuné, étant allé prier Domitius Afer de fe charger de fa caufe ; « & qui t'a dit, lui répondit Afer, » que je favois » mieux nager que Gallicus. (*b*) ?

______

(*a*) Id. Vie d'Adrian.

(*b*) Id. Vie de Claude. Dans le tems de Quintilien encore : *Et contumeliosè & asperè dicere in adverfarios permiffum erat.* Inft. orat. lib. 6.

Mais

Mais on ne punit pas toujours aussi sévérement l'intempérance de leur langue. Symmaque nous apprend, par l'exemple d'un certain Epictete, que l'usage étoit de priver un Avocat inconsidéré, du barreau & de la toge forense (*a*).

Cette toge étoit l'habillement des Sénateurs, & ce fut encore depuis l'extinction de la République, que les Avocats s'en revêtirent. L'Auteur du Dialogue sur les causes de la corruption de l'éloquence, se plaint beaucoup de ces toges,

____

(*a*) *Epictetus caussidicus togæ forensis honore privatus est.....caruit foro, & inconsultæ linguæ pretium tulit.* Symac. Epist.

K

qui gênent & dégradent l'action, dit-il, & dans lesquelles les Orateurs affublés, &, pour ainsi dire, emmaillotés, sont réduits à faire la conversation avec les Juges (*a*).

Il ne nous est resté que les noms des Avocats qui fleurirent à Rome sous les Empereurs. Du tems d'Auguste, on vit briller le Gaulois Votienus Montanus ; Pollion, dont Quintilien vante le style soigné ; Calvus, que quelques personnes mettoient à côté de Ciceron ; & Cassius Séverus, redoutable à ses

---

(*a*) *Quantum humilitatis putamus eloquentiæ attulisse pœnulas istas quibus astricti & velut inclusi cum Judicibus fabulamur!*

antagonistes par le sel amer de ses reparties. Un jeune Orateur l'apostrophoit en lui disant : « Pourquoi Sévère, me regardez-vous de cet air de courroux » ? Moi? lui répondit Cassius, « cela est écrit sur ton cahier, mon ami; car je ne pensois pas à te regarder ». Le Forum, sous Tybère, Caligula, & Claude, eut Julius Africanus dont on admira la véhémence, & Domitius Afer, qu'une intelligence supérieure & le goût le plus mûr firent presque marcher de niveau avec les Anciens. Ce dernier fut célèbre par ses bons mots. On en avoit fait un recueil. Il plaidoit pour un homme fort laid, à qui l'on dispu-

toit fa qualité d'affranchi ; Longus
Sulpitius, l'Avocat adverfe qui étoit
auffi d'une figure très-défagréable,
après avoir établi que le client d'Afer
ne prouvoit point qu'il eût été affranchi, finit en difant : « A-t-il la
» face d'un homme libre ? Eh ! quoi,
» Longus, reprit Afer, tout de
» bon, eft-ce votre fentiment que
» tous ceux qui ne font pas beaux
» doivent être efclaves (*a*) ? » Il
parloit une autrefois contre un affranchi de Claude, quelqu'un de la

---

(*a*) Cette réponfe contient d'autant plus de
fel, qu'à Rome il n'étoit pas permis aux
efclaves de plaider. *Servum hominem caufam
orare leges non finunt.* Terent. Phorm. act. I,
fcen. V.

même condition lui dit : « Vous
» avez toujours quelque chose à
» dire contre les affranchis de Cé-
» sar ; je ne les corrige pas pour
» cela », répliqua-t-il. Aper, Secundus, Trachallus se distinguèrent
sous les règnes de Néron , de Gal-
ba , d'Othon , de Vitellius , de Ves-
pasien & de Tite. Aper se laissant
emporter à la fougue de son génie,
ayant plus de naturel que d'art ;
Secundus devant au contraire moins
à la nature , mais polissant ses discours avec soin , & donnant à son
style cette fluidité , cette rondeur,
& ces graces qui coûtent plus , à
mesure qu'elles semblent coûter
moins. Quintilien nous dit qu'on

ne pouvoit écouter Trachallus fans émotion ; la majefté de fon front, la vivacité de fes regards, le beau fon de fa voix, la nobleffe de fes geftes, excitoient un frémiffement d'admiration dès qu'il paroiffoit dans l'auditoire, & les Juges eux-mêmes étoient forcés d'applaudir à fes talens. Il avoit beaucoup de préfence d'efprit. Suilius, un de fes adverfaires, lui difoit : « Si les chofes » font ainfi, préparez-vous à par- » tir pour l'exil ». Oui ; mais, lui repart Trachallus : « Si elles ne » font pas ainfi, m'en voilà de » retour ». Vibius Crifpus acquit une grande réputation fous l'empire de Dioclétien ; fa manière plus propre pour les petites affaires que pour les caufes majeures, avoit beaucoup d'agrément & une forte de négligence piquante. Il eut pour émule Glicon, auffi appellé Spiridion, auquel il arriva le trait fuivant que raconte Quintilien. Afin d'émouvoir la pitié des Juges, Glicon qui plaidoit pour un enfant, l'amena avec lui à l'audience. L'enfant fe mit à pleurer ; & l'Avocat croyant faifir un moment favorable à fon deffein, s'avifa de lui demander pourquoi il pleuroit : « C'eft, dit cet enfant, » parce que mon précepteur me » pince ».

Trajan, fi célèbre par fes conquêtes, & par fon defir d'en éter-

nifer la mémoire, n'a laiſſé pour
ſa gloire aucun monument plus
durable, que celui que Pline lui
éleva par ſon panégyrique. Pline fut
l'ornement du barreau, & de ſon
ſiècle : on ne remarque pas dans
ſes écrits ce noble enthouſiaſme,
& cette touche vigoureuſe des Auteurs du ſiècle d'Auguſte ; mais il
eſt impoſſible d'avoir autant d'eſprit,
d'élégance & de fineſſe. Il ne cherche pas à remuer l'ame, à exciter
de grands mouvemens ; il ſonge à
plaire, & il plaît. Depuis Trajan,
le barreau de Rome offre le même
aſpect que l'ancienne Egypte préſentoit aux regards des voyageurs ;
par-tout où le Nil répand ſes eaux,

ce

ce font des campagnes riàntes char-
gées d'abondantes moiſſons ; au-delà l'œil s'égare dans un vaſte déſert,
où il n'apperçoit que du ſable , &
de loin en loin quelques palmiers
ſolitaires. On pourroit bien citer
encore un Platerius, un Delphi-
dius, un Catus & quelques autres ;
mais tout ce que nous en ſavons,
c'eſt qu'ils ont paſſé pour très-élo-
quens, dans des tems où le bon
goût de l'éloquence étoit tout-à-fait
inconnu. Symmaque, ſous Théodoſe,
a laiſſé pluſieurs ouvrages. Comparé
à Ciceron, il eſt tout au plus ce
qu'un vieillard atténué , ſans ſuc
& ſans couleur, ſeroit près d'un
homme à la fleur de ſon âge,

brillant de force & de santé.

En perdant le mérite de l'éloquence, les Avocats perdirent beaucoup de la dignité de leur profession. Il avoit toujours été plus honorable de plaider que de juger : mais Valentinien fut obligé de faire une loi, afin de persuader aux Juges qu'ils n'étoient point dégradés, en quittant leur siège pour aller prendre une place parmi les Avocats (*a*).

Constantin créa un Sénat à l'instar de celui de Rome dans sa

____

(*a*) *Nec quisquam honori suo detractum putet, cum ipse elegerit necessitatem standi & neglexerit jus sedendi.* In Cod. Leg. *Quisquis de postulando.*

ville de Conftantinople. Juftinien accorda de grands privilèges aux Avocats, que l'on peut voir au Code, l. 2. t. 8. (*a*)

Si de fuperbes épithètes don-noient ou fuppofoient des talens, on croiroit que le fiècle de Juftinien ne fut point inférieur à celui d'Au-gufte ; mais telle étoit la manie de ces tems-là ; l'Empire étoit déchiré par des guerres inteftines, ouvert de tous côtés aux incurfions des

____

(*a*) Et entr'autres, il accorda aux Ex-Avocat les droits attachés à la qualité de Comte. *Laudabile vitæq; hominum neceffarium Advoca-tionis officium, maximèq ; principalibus præmiis opportet remunerari.*

Jubemus poft depofitum officium... clariffimi ordinis Comitis dignitate perfrui. Loc. cit.

Barbares ; & l'Empereur eſt toujours victorieux, toujours invincible.
Il avoit quelques miſérables décla-
mateurs dans ſes tribunaux, & il
les appelle les très-brillans flam-
beaux de l'éloquence.

D U B A R R E A U
F R A N Ç O I S.

TANT que nos ancêtres, relégués
dans les forêts de la Germanie,
n'eurent d'autres poſſeſſions que leurs
troupeaux, & le petit coin de terre
qu'ils nommoient *Sala*, enclos autour de leurs pauvres chaumières ;

ils purent se passer de loix, & non-seulement ils s'en passerent, ils les eurent en horreur. Jaloux à l'excès de leur indépendance, rien ne les anima contre Varus comme le tribunal qu'il érigea parmi eux; aussi le détruisirent-ils après sa défaite; & entr'autres inhumanités, ils coupèrent la langue aux Avocats, en disant : «Vipère, cesse de sifler (*a*).

Comme ils ne cultivoient point, ils vivoient séparés. Mais lorsque le manque de subsistance, ou le desir de la rapine les déterminèrent à se

______

(*a*) Non qu'ils eussent l'éloquence en aversion. Tacite nous dit : *Pro ut facundiâ audiuntur, autoritate suadendi magis quam jubendi potestate.* Tacit. de moribus German.

raſſembler en partis pour venir fondre ſur les Gaules, & que leurs ſuccès réitérés les eurent confirmés dans le deſſein de les envahir; il fallut néceſſairement qu'ils convinſ-ſent en quelque ſorte des conditions auxquelles chaque particulier con-ſentoit à faire un tout, & des droits réciproques que ce tout ga-rantiroit à chaque particulier.

Quatre Seigneurs, nous dit la préface de la loi ſalique, Wiſogaſt, Bodogaſt, Salogaſt, & Widogaſt, furent élus dans une aſſemblée des Francs pour leur rédiger un Code. Faire des loix ne fut pour eux que recueillir les différentes manières dont on pouvoit ſe nuire mutuellement : les vols, les affaffinats, les injures, &c. & chercher, en fuivant la coutume de leurs compatriotes (*a*), les moyens de prévenir les torts, ou de les réparer quand ils auroient été faits.

Ils étoient chez un peuple pauvre, mais courageux, qui comptoit fon fang pour peu de chofe, & le butin pour beaucoup. Le premier expédient qui dut fe préfenter à leur efprit, fut de priver les

______

(*a*) Vid. Tacit. de mor. Germanorum. *Inimicitias… Nec implacabiles durant. Luitur enim etiam homicidium, certo armentorum ac pecorum numero.* Ainfi la loi falique ne fut que l'application particulière de leur maxime générale.

malfaiteurs de ce butin fi précieux ,
& conféquemment de fixer à chaque
délit l'amende qu'ils crurent pro-
portionnée à fa nature.

Ces loix furent donc tout fimplement , une lifte dans laquelle
les crimes étoient énoncés & taxés.
On décida, par exemple, que celui
qui en avoit appellé un autre bor-
gne (*a*), lui devoit trois fols, &
foixante-douze fols s'il l'avoit appellé
forcier fans preuve (*b*). Que s'il
lui avoit coupé la main, le nez , ou
une oreille, il devoit cent fols (*c*):

(*a*) Tit. 32.
(*b*) Tit. 77.
(*c*) Tit. 31.

mais

mais si la main tenoit encore au bras, la composition n'étoit plus que de quarante - cinq sols (*a*). Le meurtre d'une fille ingénue avant l'âge de puberté, coûta cent sols au coupable (*b*); celui d'une femme qui avoit eu des enfans & pouvoit en avoir encore, fut fixé à six cent (*c*). &c. Les divers cas, eu égard aux circonstances, à l'âge, à la condition de l'offenseur & de l'offensé, furent distingués avec beaucoup d'adresse & d'exactitude, & appréciés en conséquence. La Nation entière, à qui ce tarif fut

(*a*) Ibid. §. 2.
(*b*) Tit. 26. §. 6.
(*c*) Ibid. §. 7.

M

communiqué , le confirma d'un confentement unanime : on l'appella loi Salique.

D'abord nos bons ayeux n'em- ployèrent fans doute ni tribunal , ni barreau (*a*). Mais lorfque cette Gaule, la nourrice féconde des Orateurs , vint à leur appartenir par droit de conquête , il fallut des additions à la loi Salique , pour énoncer les rapports des victorieux aux vaincus; c'eft-à- dire, jufqu'à quel point les loix des premiers devoient prendre l'intérêt des derniers contre leurs inftituteurs.

____

(*a*) *Eliguntur in iifdem conciliis, & Prin- cipes qui jura per pagos vicoqs ; reddunt. Cen- teni, fingulis ex plebe, Comites confilium fimul & autoritas adfunt.* Tacit. de moribus Germ.

Alors on divisa les hommes libres, Francs & Gaulois en centaines, qui formoient chacune un bourg, & on y plaça, pour dire la loi, le *Centenarius* ou *Tunginus*. Au-dessus d'eux fut le *Graphio* (*a*), & les *Sagibarones* qui siégeoient au nombre de trois (*b*); & ensuite les sept *Rachinburgii* (*c*), desquels on appelloit au Roi. Comme on ne toucha point aux mœurs des Gaulois, & qu'on ne changea rien à leur façon de rendre la justice (*d*),

---

(*a*) Celui qui recevoit les droits du Roi.
(*b*) Leg. Sal. tit. 56.
(*c*) Leg. Sal. tit. 70.
(*d*) *Super legem Romanam vel contra ipsam, nec antecessores nostri quodcumque capitulum*

ils introduisirent l'usage de plaider par Avocats devant ces Juges.

L'article 22 de la loi des Bourguignons, condamne un Romain, plaidant contre un autre Romain, à perdre sa cause, s'il en charge un Bourguignon (*a*). Les loix de Gondebaud furent faites pour apprivoiser le peuple subjugué, & le réunir au conquérant par les nœuds de l'égalité ; mais les vainqueurs Francs se plurent à conserver la prééminence de la victoire, & à

---

statuerunt, nec nos aliquid constituimus. Kar. Kal. Capit. Edict. Pistense. Art. 20.

(*a*) *Quicumque Romanus causam suam quam cum alio Romano habet, Burgundioni agendam tradiderit, causam perdat.*

faire sentir le joug à leurs nouveaux sujets. Les Romains & tous
les ecclésiastiques qui suivoient la
loi Romaine, se choisirent donc
des défenseurs parmi les princi-
paux des Barbares : on les appella
Advocati, que l'on traduit par le
mot *Avoués* ; mais ils doivent leur
origine aux Avocats, & ils en faisoient réellement les fonctions.

Souvent ils étoient nommés par
le Roi ; Charlemagne, dans une
donation qu'il fit à des Moines,
leur attribua pour Avocat & pour
défenseur, Adelbert son parent. Les
Missi Dominici, ces espèces de
Commissaires pour le Prince qui,
sous la fin de la première race, &

dans le commencement de la deuxième, alloient en son nom rendre la justice aux peuples, étoient aussi chargés d'élire en chaque endroit des Avocats, d'inscrire leur nom sur un registre qu'ils devoient rapporter au Monarque (*a*). Lorsque les parties les nommoient de leur chef, elles devoient prendre des hommes d'une capacité reconnue, & d'une droiture non suspecte (*b*). Le tiers de ce qu'ils

---

(*a*) *Capit. de causis admonendis. §. 3. Ut missi nostri . . . . Advocatos . . . . per singula loca, eligant & eorum nomina quando reversi fuerint secùm scripta deferant.*

(*b*) *Tales eligantur qui sciant & velint justitiæ causam discernere & determinare.*

Hinc. l. Leg. Franc. lib. 4. c. 109.

obtenoient en justice étoit pour eux (*a*).

Les Avocats exerçoient une sorte de jurisdiction dans les lieux où ils étoient établis. Charles le Chauve, dans son édit *in Carisiaco* sur le fait de la monnoie , les autorise à corriger, selon leur prudence, les Colons & les esclaves de leurs districts qui y contreviendroient : on peut encore voir la preuve de ceci dans les capitulaires *apud Syl-vacum*, & dans ceux de 8 7 3, *apud Carisiacum*. Il paroît que les Francs

______

(*a*) *Statuimus ut Advocatus quidquid pla-citando acquirat... tertia parte sibi retentâ... duas reddat..* Kar. magni Diploma.

n'avoient point d'Avocats. Dans l'article 3 2 de l'édit de Piftes, convenu entre Charles & Lothaire, il eft réglé que les Comtes (*a*) des Comtés limitrophes ne tiendront pas leurs plaids en même-tems, à caufe des *Francs* & des Avocats qui ne pourroient pas fe trouver aux deux endroits à la fois ; mais que fi l'un tient fes affifes le lundi, l'autre les tiendra le jeudi, ou le lundi de la femaine fuivante.

(*a*) *Ut Conlimitanei & vicini Comites in unâ die... Mallum non teneant ; propter Francos homines, & Advocatos qui ad utraque malla non poffunt concurrere ; fed... fi unus die lunæ mallum habuerit, alter die Jovis, aut die lunæ fequentis hebdomadæ, mallum habeat.*

On

On plaidoit devant le Comte ou ſes Echevins, deſquels on pouvoit appeller aux *Miſſi* (*a*), & des *Miſſi* aux Rois. Mais on ne pouvoit procéder devant le Roi qu'en cas de déni de juſtice de la part du Comte ou des *Miſſi* (*b*). Le ju-

____

(*a*) Monteſquieu , l. 28. chap. 28. dit le contraire, & ajoute : *Que le Comte & le Miſ-*ſus *avoient une juriſdiction égale.* Cependant les Evêques en écrivant à Louis le Germanique , s'expriment ainſi : *Miſſos etiam tales per regnum conſtituite qui ſciant qualiter Comites , & cæteri miniſtri rei-publicæ juſtitiam , & judicium faciant populo , qui ſicut Comitibus præponuntur ita ſcientiâ , juſtitiâ , ac veritate eis præmineant.* Epiſt. Epiſcop. ad Lud. art. 14.

(*b*) *Hoc Miſſi noſtri notum faciant Comitibus & populo , quod nos in omni hebdomadâ unum diem ad cauſas audiendas ſedere volumus. Populo autem dicatur , ut caveat de aliis cauſis ad nos reclamare , niſi de quibus aut Miſſi noſtri , aut*

N

gement des Echevins ne pouvoit être éludé qu'en l'accufant de faux (*a*), & le condamné devoit opter, de l'accufer de faux, ou de s'y conformer, autrement il étoit mis en prifon jufqu'à ce qu'il fît l'un des deux.

Jufqu'au moment où Pepin monta fur le trône des Mérovingiens, les procès fe jugèrent prefque tous en Cour laie; mais Pepin crut avoir befoin des Ecclésiafti-

---

Comites, eis juftitiam facere noluerint. Car. mag. Capit.

(*a*) *Qui nec judicium fcabinorum adquiefcere, nec blafphemare volunt; antiqua confuetudo fervetur; id eft ut in cuftodia recludantur donec unum de duobus faciant.* Cap. ad leg. Sal. ob Alamanos, art. 6.

ques pour affermir fur fa tête une couronne, ufurpée ofons le dire. Il fit de grands dons aux Eglifes, choifit des *Miffi* dans l'ordre des Evêques, & fut imité par Charlemagne fon fuccesseur; cet étonnant génie, que la Nature prit plaifir de former des grandes qualités d'Alexandre & de Céfar, qui voulut tenir ainfi en équilibre une fière Nobleffe, dont la conquête de l'Europe avoit encore enflé le courage.

Son fils Louis le Débonnaire, ne fut ni fuivre les traces de fon père, ni fe frayer une route différente. La vafte étendue de l'Empire François accabla fa médiocrité; il tenta d'humilier les Grands, ils lui firent la guerre : il se jetta dans les bras du Clergé qu'il avoit voulu réformer , & il en fut trahi & deshonoré. Cela n'empêcha pas · qu'il ne le comblât de richesses & d'immunités ; tel est son avantage sous un Prince superstitieux ; nous bénissons la main qui nous frappe, quand nous regardons cette main comme sacrée.

Charles le Chauve, qui chercha par sa longue dalmatique , son manteau royal, & son large diadême, à inspirer la vénération pour la Royauté, & qui ne parvint qu'à rendre le Roi odieux, confirma les dons faits aux gens d'Eglise. Tous ses Envoyés furent Evêques ou Abbés. Les Evêques Juges en qualité de *Missi* eurent bientôt un tribunal en qualité d'Evêques (*a*), & furent ainsi assimilés aux Comtes. Les seuls ouvrages de Jurisprudence, qui nous soient restés de ces tems-là, viennent des Ecclésiastiques.

Anségise, Archevêque de Sens, rédigea les capitulaires de Charles le Grand & de son fils, en quatre livres. Benoît Lévite en fit depuis une deuxième compilation. Avant eux, le Moine Marculphe avoit dédié à Landry, qu'il appelle Pape,

––––––––––––––––

(*a*) *Episcopi quique in suis Parochiis ; & Missi in illorum Missaticis, Comitesque in eorum Comitibus ; pariter placita teneant.* Synodi Carisiacæ, art. 2. & Synodi Pistenis, art. eod.

son Recueil de formules sur la manière de dresser les différens actes. Dans ce Recueil écrit, comme il le dit, pour exercer l'esprit des enfans (*a*), on voit que les Pontifes, les Abbés & Abbesses étoient obligés d'avoir un *Advocatus* (*b*) pour leurs causes. Les Ecclésiastiques suivoient la loi Romaine, comme nous l'avons observé; leur jurisdiction faisoit les plus grands progrès, & l'usage des Avocats s'étendoit avec elle; lorsque deux

____

(*a*) *Ad exercenda ingenia puerorum.*
(*b*) Form. 9.
L'*Advocatus* conduisoit aussi à l'armée les troupes que fournissoient les Fiefs Ecclésiastiques.

circonftances vinrent changer la face des affaires, & plonger dans un profond néant la forme de procédure exiftante alors.

La loi Salique, telle que nous l'avons décrite, demandoit peu de délais pour le jugement, une fois le crime prouvé. Il y eut d'abord différentes preuves ufitées pour suppléer aux témoins quand ils manquoient : on condamnoit un accufé à mettre la main dans l'eau bouillante, à toucher un fer chaud, ou à marcher piéds nus fur des coûtres rougies au feu, &c. mais la plus ordinaire en Cour Eccléfiaftique, fut d'exiger un ferment, fur lequel, faux ou vrai, rarement

l'accufé héfita. Le nombre des par-
jures décrédita bien vîte cette der-
nière preuve; & des Guerriers gé-
néreux, toujours armés, en recon-
noiffant l'infuffifance des anciennes,
ne virent rien de mieux à leur
fubftituer que le combat fingulier.
Une Nation vaillante & vigoureufe,
qui ne connoiffoit que des vertus
militaires, fe perfuada fans peine,
qu'il n'y avoit de mal-honnêtes gens
que les lâches, & de coupables
que les mal-adroits.

L'Eglife avoit d'abord ordonné
le combat dans fes Tribunaux; mais
Yves de Chartres s'éleva contre
cette pratique avec tant de force &
de fuccès, que dès qu'il écheoit
dans

dans un procès gage de bataille ; & il écheoit presque toujours , l'affaire étoit renvoyée devant les Juges laïques. Dès-lors les Seigneurs, qui ne connoissoient d'autre science que celle de la guerre, & leurs Barons aussi ignorans qu'eux, décidèrent presque toutes les causes. Il n'étoit question que de mettre aux mains les deux contendans; & sans autre enquête ni information, on adjugeoit au vainqueur l'objet de sa demande.

D'un autre côté les féroces Normands vinrent, pendant les règnes chancelans & foibles des successeurs de Charlemagne , fondre de toutes parts sur la France. Ils la dévastè-

rent , & s'y établirent. Accoutu-
més aux armes qui avoient été le
jouet de leur enfance, la paffion
de leur jeuneffe , & leur unique
exercice dans un âge plus avancé ;
ils adoptèrent fans peine la preuve
par le duel. L'efpoir du butin , la
haine de la Religion , les avoient
acharnés contre les Eccléfiaftiques ;
ils pillèrent, incendièrent les Eglifes
& les Monaftères, maffacrèrent les
Moines & les Prêtres. Les Capitulaires, les Loix des Francs , les
Loix Romaines périrent avec eux,
on oublia tout. Dans ce fiècle d'horreur, où le brigandage fut le grand
moyen d'acquérir des richeffes , on
les conferva de la même manière ;

& plaider ne fut autre chofe que fe battre.

Mais que devinrent alors les *Advocati* ? Ils n'exiftèrent plus : à leur place il fallut des Champions; & les Spadaffins les plus exercés, eurent le titre qu'on avoit donné jufques-là aux Francs de la première confidération (*a*).

―――――――――――――――――

(*a*) Je n'ofe me livrer à une conjecture féduifante, au fujet de ces *Advocati*.

Le droit de la juftice eft fûrement une conceffion Royale, & quand les Seigneurs démembrèrent leurs fiefs, ils ne purent démembrer leur juftice. * Nous avons vu que les Avocats étoient chargés d'une forte de jurifdiction qui regardoit fimplement la Police; or il ne faut pas douter que les *Advocati* ne

* De-là vient la maxime féodale : *autre chofe eft le fief, autre chofe eft la juftice.*

Cette Jurisprudence barbare, rendue générale, fut soumise à des règles & à des formalités. On voit dans les Ecrits de Desfontaines & de Beaumanoir, les détails de cette pratique monstrueuse qui dura jusqu'au règne de saint Louis.

Ce bon Prince abolit l'usage atroce du combat judiciaire ; *en lieu de bataille*, dit-il dans ses établissemens, *nous mettons prueve de témoins & de chartes*. Il établit

---

se soient maintenus dans ce droit, & ne l'ayent regardé comme héréditaire en ces tems d'anarchie. Plusieurs avoient des fiefs ou des alleux, & il est tout simple qu'ils y ayent fait usage de ces droits. Ceci rendroit bien raison de la division des justices, en hautes, basses & moyennes.

dans ſes Tribunaux une manière
de procéder, dont il traça la marche; elle fut ſuivie par un très-
grand nombre de Seigneurs, &
ſon Code eut un ſuccès rapide.
Le ſublime Auteur de l'Eſprit des
Loix en attribue la cauſe, à ce
mieux qu'il montra, & que l'on
ſe hâta d'embraſſer. Mais l'oſerai-je
dire? ce mieux, les Francs l'avoient
vu lors de leur établiſſement dans
les Gaules, & n'en avoient point
été touchés. La véritable raiſon de
ſa prompte réuſſite, me paroît être
dans les circonſtances où il fut
publié. Les hommes les plus tur-
bulens, entraînés par la fureur des
croiſades, avoient déſerté; la France

& ceux qui demeuroient, eurent moins d'envie d'expofer fans ceffe leurs jours au hazard d'un combat. Les Comtes & les Barons voyoient d'ailleurs leurs domaines épuifés, de fujets ; ce fut donc avec plaifir qu'ils durent donner les mains à la deftruction d'une coutume meurtrière, qui les auroient privés chaque jour de ceux qui leur reftoient encore.

Saint Louis encouragea les appels en les facilitant. Le Parlement n'avoit jufqu'alors jugé que des démêlés politiques des grands Vaffaux entr'eux, ou avec le Souverain. De ce moment on porta devant lui les affaires civiles, & en peu d'années ces affaires furent en ſi grand nombre, que Philippe le Bel, en 1302, ſe vit obligé d'établir un Parlement ſédentaire.

Dans le ſiècle précédent, les Pandectes s'étoient retrouvées à Florence, quelques Italiens les apportèrent chez nous ; elles y excitèrent un enthouſiaſme univerſel. En vain les Papes, Alexandre (*a*) & Honoré (*b*), firent défenſe de les enſeigner ; on les lut publiquement avec une affluence ſingulière d'auditeurs. Nos Rois en encouragèrent l'étude ; on en multiplia les exemplaires ; on

______

(*a*) Au Concile de Tours de l'an 1163, auquel il préſida.

(*b*) Par une décrétale.

les traduifit; on les cita, & l'on finit par fuivre leurs décifions dans la plûpart des jugemens.

Il ne fallut ni loix, ni ordonnances pour opérer cette révolution. Le tems l'avoit mûrie, elle fe fit toute feule. La face des Tribunaux changea, on ne fut plus infulté, ni dépouillé impunément par un Bravache; le foible devint l'égal du fort, parce que la loi les protégea tous les deux également.

Lorfque les loix ne font pas indigènes, il arrive infailliblement que la plus grande partie du peuple les ignore; il eft donc néceffaire que les Légiftes y forment deux corps féparés, dont l'un s'adonne

donne à la connoiſſance du Droit dans le deſſein de l'enſeigner ; tandis que l'autre l'étudie pour en faire l'application. Nous avons vu que cette diviſion avoit eu lieu chez les Romains, elle s'établit de même en France. Nous eûmes des Docteurs & des Commentateurs, comme eux des Juriſconſultes ; & des Avocats, ainſi qu'ils avoient eu des Orateurs & des *Cauſſidici*.

Le célèbre Abailard eſt à la tête de ceux qui, parmi nous, tentèrent d'éclaircir le texte de la Collection de Juſtinien. Ce rare & vaſte génie, qui prétendoit trouver un ſens aux paſſages les plus obſcurs, échoua dans l'explication de

P

la loi *Quinque*, au Code, liv. 3.
t. 39 ; & vaincu par la difficulté,
il dit enfin, felon Accurfe : « Je
» ne fai (*a*) ».

Guillaume Durant (*b*) fut le
premier de notre nation qui écrivit fur la Jurifprudence Romaine.
Son livre intitulé : *Speculum Juris*,
eut une vogue incroyable. Il en

(*a*) *Abelardus qui fe jaĉlavit quod ex quâ-
libet quantùm cumque difficili litterâ, traheret
aliquem intelleĉlum, hic dixit : nefcio.*

(*b*) L'Allemand Forfter, *hift. jur. civ. l.* 3.
cap. 18. prétend que Guillaume Durand étoit
un Provincial de l'Ordre des Frères Prêcheurs;
mais Pafquier fans doute plus inftruit de ce
qui regarde nos Auteurs François, n'en dit
pas un mot ; & c'eft de lui que cette anec-
dote eft tirée.

acquit le nom de *Speculator*. Son mérite n'étoit pas borné à la connoiſſance du Droit, il fut encore un profond Théologien. On vantoit ſur-tout ſa prodigieuſe mémoire; elle étoit telle, qu'après avoir lu un ouvrage, ſoit en proſe, ſoit en vers, il le récitoit entier par cœur mot à mot. Poëte & Provençal, en ces deux dernières qualités, il devint éperdûment épris d'une demoiſelle de ſon pays, pour laquelle il fit un nombre infini de vers & de chanſons. Pendant un voyage qu'il fut obligé de faire, elle tomba dans un ſpaſme ſingulier. On la crut morte, & on la porta à l'égliſe pour l'enſevelir. Durant ayant ſu

cette nouvelle, fut faifi d'une dou-
leur fi vive qu'il expira quelques
heures après ; mais la demoifelle
placée dans un caveau y donna des
marques de vie, qui la firent reporter à fa maifon, où elle revint
tout-à-fait. Le fort de fon amant
qu'elle y apprit, la toucha de forte
qu'elle renonça au monde, & fe
retira dans un couvent. Ainfi l'a-
mour fut fatal à Durant & à Pierre
Abailard; il en coûta la vie à l'un,
& l'on fait l'hiftoire de l'autre.

Les Univerfités s'élevèrent de
toutes parts. Le bienheureux faint
Yves (*a*) & Belleperche, illuf-
trèrent celle d'Orléans.

____

(*a*) On raconte de faint Yves un trait tout

Un Guillaume de Coing (*a*)
à Angers, un Azon à Toulouse, y

---

femblable à ce que Valère-Maxime, *lib. VII,
cap.* 3, *ext.* §. 5, rapporte de Démofthènes.
Deux hommes paffant à Tours, mirent entre
les mains de leur Hôteffe, qui étoit une veuve
fort eftimée, un petit fac de cuir en dépôt,
lui faifant promettre de ne le rendre qu'à eux
deux enfemble. Cinq ou fix jours après un
de ces voyageurs fe préfente feul, & fous
quelque prétexte demande le fac, que la bonne
femme, foit facilité, foit oubli des conditions
du dépôt, lui remet fur le champ. Le foir du
même jour fe préfente l'autre à qui l'Hôteffe
apprend ce qui eft arrivé. Ce dernier faifant
l'étonné, fe plaint, s'emporte, menace, &
traduit la veuve devant le Bailli de Touraine.
Là il allègue la promeffe qu'ils ont exigée
de l'Hôteffe en la chargeant du fac de cuir,
dans lequel il affirme qu'il avoit pour fa part
cent écus d'or, plufieurs billets, & d'autres
papiers de la plus grande importance. La
pauvre veuve qui convenoit de tout, fon-

(*a*) *A Cuneo.*

firent fleurir la science des loix.
C'eſt cet Azon qui, ayant depuis
dans une diſpute tué ſon antago-

---

doit en larmes, & le Juge, en la plaignant,
alloit la condamner & la ruiner ſans reſ-
ſource, lorſque notre Saint ſurvint fort à
propos. Inſtruit de l'affaire, il conſeilla à la
femme d'offrir de rendre le petit ſac, & tout
ce qu'il contenoit, pourvu que le demandeur ſe ſoumît à ſon tour à la loi qu'il invo-
quoit contre elle ; c'eſt-à-dire, qu'il allât
chercher ſon camarade, & que tous deux en-
ſemble vinſſent recevoir le dépôt qu'ils ne lui
avoient confié, qu'à la charge de le reprendre
de compagnie. Le Juge trouvant la demande
& les offres de toute juſtice, prononça en
conſéquence. Le demandeur ne repréſentant
point ſon collègue, fut condamné aux dépens ;
& il fut depuis puni extraordinairement, parce
qu'on découvrit que ces deux dépoſitaires
étoient deux fripons, qui s'étoient entendu
pour affronter l'honnête veuve de concert.
Miroir hiſtorial, compoſé pour Louis XI.

niſte, fut condamné à mort, pour avoir renvoyé ſes Juges *ad beſtias* ; voulant déſigner par ces mots, la loi 3 1. ff. *de Pœnis* ; ce qu'ils entendirent différemment.

Juſqu'à Louis XII on vit paroître une foule d'hommes doctes, tels que Fabri, Aufrère, Maſuer, Gui-Pape, Benedicti, Chaſſanée, & pluſieurs autres.

Mais le règne de François premier ne fut pas une époque moins brillante pour la Juriſprudence, que pour le reſte des beaux Arts. Auparavant on conſultoit les anciens Docteurs ; Budée parut, on lut ſes ouvrages. Il ſut répandre, par l'élégance . & la clarté de ſon ſtyle, une forte d'agrément fur des matières sèches & rebutantes , que l'on préfentoit encore hériflées des épines de la barbarie fcholaftique. Govean & Duarens fuivirent fes traces , & par un petit nombre d'écrits, s'acquirent une grande réputation , ainfi que les trois Hottomans. Cujas les éclipfa tous ; de Thou l'appelle le premier & le dernier des interprètes du Droit. Ce favant homme jouit de fa gloire pendant fa vie , il paffa pour le Prince des Jurifconfultes; &, felon le jugement de Pafquier , « il n'eut, » n'a & n'aura par avanture jamais » fon pareil ». N'oublions ici ni Chopin, ni Briffon, ni Godefroy ,

ni

ni l'illuſtre Dumoulin. Il ne manqua à ce dernier que d'écrire comme il penſoit ; s'il avoit tenté de
polir ſon langage , d'en fondre
l'incohérence, & d'en faire difparoître les inégalités , on eût pu
jetter au feu les Œuvres de tous
les Juriſconſultes antérieurs qui
avoient traité les mêmes matières
que lui , ſeul il nous auroit ample-
ment dédommagé de leur perte.

Je pourrois groſſir cette liſte du
nom de beaucoup d'autres Auteurs ;
je pourrois & je devrois peut-être
tracer ici le caractère de ceux qui
ont emprunté notre langue pour
traiter du Droit ; mais leurs écrits
ſont entre les mains de tout le

monde; ils font connus, & je cour-
rois rifque d'ennuyer en répétant
ce qu'on en dit, ou de m'égarer
en les jugeant différemment.

Revenons au Parlement. Lors
de fon établiffement le Recueil des
Loix Romaines avoit acquis une
grande confiftance. On connoiffoit
déjà les Licenciés, & les Avocats,
puifque Hugues de Bercy, qui vivoit fous faint Louis, en fait mention dans fa Bible Guyot (*a*). Ils

____

(*a*) Le Pape Honoré, dans fa conftitution
déjà citée, s'exprime ainfi : *Ne... quifquam
docere vel audire jus civile præfumat, & qui
contra fecerit non folùm ad cauffarum patrocinium excludatur, verùm etiam per epifcopum
excommunicationis vinculo innodetur.* Ce Pape
mourut en 1227, la deuxième année du règne

furent admis à plaider devant le
Parlement nouveau. Ils écrivoient
auffi quelquefois, & comme les
Seigneurs étoient peu inftruits, on
leur donna pour Adjoints vingt-
quatre Légiftes Rapporteurs, qui
n'avoient pas voix délibérative. Peu
après la diftinction des Jugeurs aux

---

de faint Louis ; donc dès ce tems-là on connoiffoit les Avocats. Le Roman de la Rofe
commencé fous Philippe Augufte dit expreffé-
ment :

> Avocats & Phificiens
> Sont tous liés de tels liens ;
> Tous pour deniers fcience vendent,
> Et tous à cette hart fe pendent.

Joinville, Vie du Roi Saint Loys, « Et quand
» il veoit quelque chofe à amender en la pa-
» rolle de ceux qui parloient pour aultruy,
» lui-même tout gracieufement les repre-
» noit ».

Rapporteurs ayant été tout-à-fait ôtée, les gens d'épée se dégoûtèrent du métier de Juges. En outre la guerre les contraignant de s'abfenter; quand le Parlement fut rendu perpétuel, ils cédèrent leur place aux Légiftes, qui fe virent par-là chargés d'acquitter pour le Souverain la plus augufte & la plus importante de fes fonctions: celle de rendre la juftice à fon peuple.

« L'ordre des Avocats, lit-on » dans les Recherches de la Fran- » ce (a), fut alors la pépinière de » tous les Officiers de Juftice : des

____

(a) Pafquier, l. 9. chap. 38.

» Lieutenans Généraux Criminels,
» & Particuliers, des Avocats &
» Procureurs du Roi, Conseillers
» des Cours souveraines, Maîtres
» des Requêtes, Présidens, voire
» Chanceliers même ».

Quand il fut question de remplir quelque place vacante, le Parlement nomma d'abord ses membres lui - même, parmi ceux qui suivoient le barreau : ensuite il choisit trois sujets dont les noms étoient présentés au Roi, qui confirmoit l'un d'eux. On peut cependant inférer des brigues que firent les Parisiens pour faire élire Procureur du Roi sous Charles VI, un jeune Avocat nommé Rapouel,

que la voix du peuple avoit quelque
influence dans ces élections,

On pense communément que
la Noblesse abandonna tout-à-fait la
carrière du barreau, au tiers-état.
On se trompe. « En 1410, dit
» l'Auteur déjà cité (*a*), l'élec-
» tion & provision de quelques
» Présidens & Conseillers des En-
» quêtes fut retardée, d'autant que
» les Nobles soutenoient qu'en
» concurrence, on devoit premier
» élire les Nobles quand ils se trou-
» voient suffisans ; & depuis se
» présentant cette question devant
» le Roi, en la balance de deux

____

(*a*) Id. l. 2. chap. 3.

» il jugea pour celui qui étoit
» extrait de noble lignage ».

Les Greffiers s'élifoient au fcru-
tin. M^e. Nicolas de Baye (*a*),
après avoir exercé cet office pendant feize ans, paffa dans la grand'-
Chambre, tandis que M^e. Clément
de Franqueberge, Confeiller aux
Enquêtes, prit fa place (*b*), « après
» avoir quitté la profeffion d'A-
» vocat :

« *Malui* dit-il en citant Virgile, *& mutas agitare
inglorius artes* ». Æneid. Liv. 12.

Les dignités Eccléfiaftiques n'é-
toient point incompatibles avec les

(*a*) V. Ægid. Menag. *Amœnitates juris*, *in fine.*
(*b*) Ibid.

fonctions d'Avocats. Mᵉ. Pierre de Cugnières, ce défenseur éclairé des droits du Roi contre les ufurpations des Papes, qui fut depuis féal Chevalier & grand Confeiller de Philippe de Valois, étoit d'abord Avocat en Parlement & Archidiacre de Notre-Dame. Mᵉˢ. Haflé & Bréban, qui, en 1410, plaidèrent devant le Roi de Portugal, lequel fe rendit exprès au Palais pour les entendre; étoient auffi le premier, Archidiacre de Paris, & le fecond, Curé de faint Euftache.

Toutes les fois que quelques Souverains ont paffé dans ce Royaume, ils n'ont jamais manqué d'honorer

d'honorer le barreau de leur préfence. Quand le Duc de Savoye
vint à la Cour de France, Henri IV,
l'amena au Palais , pour lui donner une idée de la manière dont
les caufes fe difcutoient dans nos
Tribunaux. Anne Robert (*a*) &
Antoine Arnauld (*b*) plaidoient ce
jour-là ; notre bon Monarque, après
les avoir entendus , jugea que chacun d'eux avoit raifon.

(*a*) Il eft Auteur d'un Recueil d'Arrêts intitulé : *Rerum Judicatarum* , &c...

(*b*) Abel de Sainte-Marthe dit : Qu'Antoine
Arnauld aima mieux demeurer au Palais en
qualité d'Avocat, que d'accepter une place
dans le Confeil du Roi, ou de prendre la
charge d'Avocat Général de M. Marion, fon
beau-père.

R

Dans le siècle présent nos Orateurs ont eu deux fois le glorieux avantage, de compter des Têtes couronnées parmi leurs Auditeurs.

Sous François premier, trois Avocats, Poyet, Montholon & Lizet, après avoir plaidé dans la cause du Connétable de Bourbon, devinrent l'un Chancelier, l'autre Garde des sceaux, & le troisième premier Président. En un mot, il n'est point de famille ancienne & considérable dans la robe, qui ne doive à cette profession honorable, le commencement de son illustration.

Lorsqu'un Légiste avoit prêté

le ferment d'Avocat, il étoit qualifié de Confeiller en la Cour (*a*). Auffi, dit Pafquier, «les Avocats, » tant plaidans que confultans, font- » ils honorés du chaperon (*b*) » fourré, qui eft la vraie remarque » du Magiftrat du Palais (*c*) ».

(*a*) Vieux ftyle du Parlement.

(*b*) Les deux chaperons tenoient à un bonnet rond, avec des bourlets. L'un de ces chaperons tomboit fur l'épaule, & l'autre fe tournoit autour du cou. On ôta d'abord les chaperons, enfuite on fupprima le bourlet; & enfin de ronds, on fit les bonnets quarrés. Ce qui a fait dire à Pafquier, liv. 4. ch. 15, que les Avocats avoient trouvé fans peine la quadrature du cercle, dont les Mathématiciens fe font fi long-tems & fi inutilement tourmentés.

(*c*) Rech. liv. 2. ch. 3.

On me saura peut-être gré de placer ici le réglement de 1 3 6 3 (*a*) concernant les Avocats, tel qu'il eſt rapporté à la ſuite des Opuſcules de Loiſel; cette pièce jette un grand jour ſur la manière dont on rendoit la juſtice en ces tems-là.

(*a*) On donne à ce réglement la date de 1318, dans un ancien regiſtre où il ſe trouve à la ſuite d'une Ordonnance de 1344.

ORDINATIONES Advocatos & Con-
filiarios in Parla-
mento tangentes.

ORDONNANCES touchant les Avocats & Confeillers
en Parlement.

Sequitur Jura-
mentum Advocatorum,
& Confiliariorum Par-
lamenti.

S'ensuit le ferment
des Avocats & Con-
feillers du Parlement.

Primò ponantur in
fcriptis nomina Advo-
catorum, deindè, re-
jectis inprovectis, eli-
gantur ad hunc offi-
cium idonei & fufficien-
tes.

Que l'on mette d'a-
bord en écrit les noms
des Avocats, & que,
rejettant enfuite ceux
qui feront improuvés,
l'on faffe choix pour
cet office de ceux
qui font inftruits &
capables.

Advocati iftius Cu-
riæ jurabunt articulos
qui fequuntur, videli-
cet:

Les Avocats de cet-
te Cour jureront les
articles fuivans, favoir:

Quòd diligenter &
fideliter iftud officium
exercebunt:

Qu'ils s'acquitteront
de leur emploi avec
diligence & fidélité:

Quòd caufarum in-

Qu'ils ne fe charge-

ront point de défendre
les caufes qu'ils fau-
ront être manvaifes:

Que fi dès le com-
mencement ils ne fe
font point apperçus
que la caufe étoit in-
jufte, & qu'ils s'en ap-
perçoivent par la fuite,
ils la renverront fur
le champ :

Que fi dans les cau-
fes dont ils feront
chargés, ils voyent
que le Roi ait quelque
intérêt, ils en averti-
ront la Cour :

Que la caufe étant
plaidée, & les faits
niés, ils feront de nou-
veau & préfenteront à
la Cour fous deux ou
trois jours, leurs arti-
cles, à moins que pour
caufe, ils ne foient
autorifés de la Cour à
différer plus long-tems:

Qu'ils ne feront
point avec connoiffan-

juftarum patrocinium
fcienter non recipient :

Quòd & fi non ab
initio, ex poft facto
tamen viderint caufam
effe injuftam, ftatim
eam dimittent:

Quòd fi in caufis
quas fovebunt, viderint
tangi Regem, ipfi de
hoc Curiam advifabunt.

Quòd caufâ placita-
tâ & factis negatis, ipfi
de recenti infrà biduum
vel triduum facient &
Curiæ tradent articu-
los fuos, nifi ex cau-
fâ, de licentiâ Curiæ
ulteriùs differrent.

Quòd impertinentes
articulos, fcienter non

facient :

Quòd confuetudines quas veras effe non crediderint, non proponent nec fuftinebunt :

Quòd caufas quas fufcipient, citò expedient pro poffe fuo :

Quòd in eis dilationes & fubterfugia maliciosè non quærent:

Quòd pro falario fuo, quantùmcumque fit magna caufa, ultrà triginta libras turonenfes non recipient, nec etiam aliquid ultrà in falarii majoris fraudem ; minus tamen recipere poffunt :

Quòd pro mediocri minus & pro minori caufâ multòminùs recipient, fecundum quan-

ce des articles, impertinens :

Qu'ils ne propoferont ni ne foutiendront les coutumes, qu'ils ne croiront pas véritables :

Qu'ils expédieront les caufes qu'ils auront entreprifes, le plus promptement qu'il leur fera poffible :

Qu'ils n'y chercheront malicieufement ni fubterfuges ni délais:

Que quelque grande que foit la caufe, ils ne recevront pas plus de trente livres tournois, ni ne prendront rien au-delà en autre nature, pour cacher l'excès du falaire. Cependant ils peuvent recevoir moins :

Que pour une caufe médiocre ils recevront moins, & beaucoup moins pour une petite, selon la qualité de la cause & la condition des personnes ;

titatem causæ & conditiones personarum.

Et qu'enfin ils ne traiteront d'aucune partie du procès.

Item quòd non paciscentur de quotá parte litis.

Ceux qui pendant que les Avocats plaident seront assis comme Conseillers, prêteront le même serment.

Hoc idem juramentum præstabunt illi qui, Advocatis proponentibus, ut Consiliarii assistent.

Ce qui suit paroît être une autre Ordonnance postérieure à ce qui précède.

Outre le serment, qu'il leur soit enjoint :

Jujungatur eis præter juramentum :

De venir de bon matin , & de faire venir leurs parties de même ;

Quòd benè manè veniant , & benè manè venire faciant suas partes ;

De ne pas empêcher celui à qui l'audience a été donnée;

Quòd illum cui data fuerint audientia non impediant ;

De plaider debout, derrière le premier banc ;

Quòd stando & retrò primum scamnum patrocinentur ;

Quòd

Quòd primum scamnum non ocupent ;

De ne point occuper le premier banc ;

Quòd facta impertinentia non proponant ;

De ne point proposer de faits impertinens ;

Quòd ipsi de Curiâ non recedant, quamdiù Magistri in camerâ erunt.

De ne point s'en aller de la Cour ,t ant que les Maîtres seront dans la chambre.

Ce qui va suivre paroît encore avoir fait la matière d'un Règlement particulier.

Et est sciendum quòd nullus Advocatus ad patrocinandum recipietur , nisi sit juratus & in rotulo nominum Advocatorum scriptus ; & prohibet Curia ne ipsi ingerant se ad patrocinandum , nisi sint jurati.

Et il faut savoir qu'aucun Avocat ne sera reçu à plaider , s'il n'est juré & inscrit sur le rôle des noms des Avocats ; & la Cour leur fait défense de s'ingérer à défendre des causes, à moins qu'ils ne soient jurés.

Item, quia ex Advocatorum discretione & industriâ, partium de-

Item , parce que c'est de la discrétion & de l'industrie des

Avocats, que dépend l'abbréviation des causes, abbréviation qui tourne à leur honneur & à l'utilité de leurs parties; la Cour enjoint aux Avocats, sur la foi de leur serment, de ne propofer que les faits ou les raisons, lefquels ou lefquelles ont trait au point, auquel ils auront prévu qu'on s'arrêtera vraisemblablement dans l'arrêt, omettant les faits & les raisons, les repliques ou dupliques inutiles & superflues, quoique ceux pour lefquels ils employent leur ministère veuillent le contraire, & les preffent avec instance pour cela;

pendet caufarum abbreviatio, quod cedit ad eorum honorem & utilitatem fuæ partis; eifdem injungit Curia in vim facramenti fui, ut ea facta feu rationes folùm quæ vel quas ad illum finem faciunt, in quo verifimiliter prævident debere poni in arrefto, proponant; facta & rationes replicationes feu duplicationes inutiles & fupervacuas omittendo, licet illi pro quibus fuum impendunt patrocinium fæpius eos moleftent, & velint hoc fieri, quibus obtemperare non debent, propter eorum honorem, & ut potiùs Curiæ pareant in hâc parte.

les Avocats, à caufe de leur honneur, ne doivent pas leur complaire, mais obéir plutôt à la Cour en cette partie.

Item, la Cour en-

Item, Advocatis jux-

tà antiquas ordinationes & per sacramentum injungit Curia, ut articulos causarum quas litigaverunt infrà triduum Curiæ tradant, nisi per ipsam Curiam super hoc cum eis fiat dispensatum, & posteà quam citiùs fieri poterit, eos concordent; cùm intentionis Curiæ sit amodo super factis & articulis partium, in fine cujuslibet Bailliviæ præposituræ seu Seneschalliæ, de Commissariis & commissionibus ordinare, & partibus providere; ut sic ipsæ partes citiùs quàm consueverunt, possint cum Commissariis suis loqui, & de pecuniâ ac aliis necessariis ad causæ suæ prosequtionem maturiùs & commodiùs valeant providere : intentionis tamen Curiæ

joint aux Avocats suivant les anciennes coutumes & sur leur serment, de donner à la Cour dans trois jours, les articles des causes qu'ils auront plaidées, à moins qu'ils n'en soient dispensés par la Cour, & pourvu qu'ensuite ils les disposent le plus promptement que faire se pourra, parce qu'il est de l'intention de la Cour sur les faits & articles des parties, à la fin de l'expédition des causes de chaque Bailliage ou Sénéchaussée, d'ordonner sans délai des Commissaires & des commissions, & de pourvoir aux parties; afin que de cette façon elles puissent, plutôt qu'elles n'ont accoutumé, parler avec leurs Commissaires,

& qu'elles ayent la commodité de ramasser plus à l'aise, & l'argent, & les autres choses nécessaires à la poursuite de leurs procès. Cependant il n'est point de l'intention de la Cour, que le Parlement séant & contre

propter hoc non existit, quod Parlamento sedente, contra ipsius ordinationes antiquas, Commissarii de Curiâ habeant providere in causâ, sed confestim finito Parlamento, celerius poterunt procedere in eâdem.

ses ordonnances antiques, les Commissaires nommés par la Cour ayent rien à voir dans la cause, mais ils pourront y procéder plus promptement, aussi-tôt le Parlement fini.

Item, parce que l'habitude de plaider, & la connoissance du style de la Cour, sont fort nécessaires pour la profession d'Avocat; ceux qui seront reçus nouvellement par la Cour dans cet office, doivent pour leur honneur & à cause du dommage que leur impéritie pourroit causer aux parties, s'abstenir & ne pas exer-

Item, quia circà Advocationis officium, facti experientia & observantia styli Curiæ, multum prodest; Advocati qui de novo ad ejusmodi officium, per Curiam sunt recepti, abstinere debent, propter eorum honorem, & damnum quod partibus propter eorum forsitan negligentiam provenire posset, ne ex abrupto & imprudenter Advocationis officium exerceant; sed per tempus sufficiens, Advocatos antiquos & expertos audient diligenter, ut sic de stylo Curiæ & Advocandi modo primitùs informati, suum patrocinium præstare, & Advocationis officium, laudabiliter & utiliter possint & valeant exercere.

cer d'abord & imprudemment l'office d'Avocat; mais il faut qu'ils écoutent soigneusement pendant un tems suffisant, les Avocats anciens & expérimentés, afin que s'étant ainsi premièrement formés au style de la Cour, & à la manière de plaider, ils puissent & soient en état de prêter leur ministère, & d'exercer l'état d'Avocat d'une manière utile & glorieuse.

Item, dicti Advocati novi, debent deferre majoribus & antiquis Advocatis tam in sedibus quam aliis, nec sedere præsumant in primo scamno, in quo Advocati, & Procurator Regii, Baillivi, Seneschalli, & alii potentiores & Nobiles esse debent & sedere consueverunt.

Item, les susdits Avocats nouveaux doivent déférer aux anciens, tant à ceux qui sont sur les Sièges, qu'aux autres; & ne pas prendre la liberté de s'asseoir sur le premier banc, lequel banc les Avocats & Procureurs du Roi, les Baillifs, les Sénéchaux, les autres élèves en dignités & les Nobles, doivent & ont coutume d'occuper.

L'Ordonnance touchant les Procureurs, qui eſt à la ſuite de celle-ci,
leur défend : « De ſe faire for de con-
» duire une cauſe & de fruſtrer, en
» cherchant des conſeils ou autrement,
» les Avocats de leurs ſalaires (*a*) ».

Les parties amenoient ſouvent des Avocats de leur pays,
auxquels la Cour permettoit de
plaider ; mais comme lorſqu'ils fai-
ſoient défaut, on ne ſéviſſoit pas
contr'eux, & que peut-être d'ailleurs les frais de voyage & de
ſéjour devenoient trop conſidérables ;

____

(*a*) Item, *quòd non facient forum, de cauſâ
ducendâ ſeu conſilio quærendo in fraudem ſa-
larii Advocatorum, nec aliter.*

On s'en tint bientôt à ceux du Parlement.

Les Avocats étant regardés
comme les premiers Juges des
affaires qu'ils défendoient ; il y
avoit dans plufieurs cas des amen-
des prononcées contr'eux qu'ils
payoient fans déport. On n'excufoit
pas non plus leur négligence.
Dans une Ordonnance du Parlement
*touchant les parties qui y ont à
plaidoyer*, il eft dit : « Que la
» partie qui ne feroit oye & déli-
» vrée par la défaute de l'Advocat
» qui devroit plaidier , & feroit
» certain que ce feroit par la défaute
» de l'Avocat, feroit oye après,
» mais l'Advocat en payeroit dix

» livres d'amende *tout ſes* (*a*), ainçois
» que il fut oye en autre cauſe,
» & eſt à entendre des Avocats
» réſidens en Parlement ».

Une partie de ces diſpoſitions eſt tombée en déſuétude. Il ſemble même que les anciens Auteurs les ayent peu connues, après leurs variations ſur certains objets.

Ce Règlement, comme on voit, preſcrit aux nouveaux reçus, de s'abſtenir de plaider juſqu'à ce qu'ils connoiſſent bien les formes d'uſage ; quand les formes devinrent moins rigoureuſes, cet article fut exécuté moins ponctuellement. Ce-

---

(*a*) Tout ſec, ſur le champ.

pendant comme le ministère d'A-
vocat est un ministère de confiance,
& que la confiance ne se donne
qu'à l'âge & qu'à la réputation;
les jeunes gens ont toujours eu
pour s'instruire, un tems pendant
lequel ils n'étoient point occupés. Il
paroît que dans les commencemens,
dès qu'ils avoient prêté serment, on
les inscrivoit sur le rôle. Depuis,
mais plusieurs siècles après, lorsque
le nombre des Avocats se fut aug-
menté au point que l'on ne pouvoit
pas connoître tous ceux qui se
présentoient, on exigea une sorte
de noviciat, d'abord de six mois,
puis d'un an, ensuite de deux;
de nos jours on l'a prolongé jus-

T

qu'à quatre ans (*a*). Dans cet in-
tervalle un Avocat peut plaider,
ſigner des mémoires imprimés &
des conſultations, mais non pas ce
qu'on appelle des écritures : elles ne
paſſeroient point en taxe. On a
voulu dans l'uſage diſtinguer les
Avocats qui ne ſont pas ſur le
tableau, de ceux qui y ſont. On
appelle les premiers, *Avocats en
Parlement*, & les autres *Avocats
au Parlement*. Je ne crois pas que
cette diſtinction ait aucun fondement. Le Dictionnaire de l'Aca-
démie ne l'admet pas ; il ſe déter-

(*a*) Depuis environ **23** ans.

mine pour *Avocat au Parlement*, & rejette l'autre expreſſion comme incorrecte; cependant il eſt certain que juſqu'au milieu du ſiècle dernier, tous les Avocats ne ſe ſont preſque jamais qualifiés autrement qu'*Avocats en Parlement.*

La plus ancienne liſte des Avocats que l'on connoiſſe, eſt une liſte de 1524. Il y avoit alors 85 Avocats en la Cour; en 1599, ſoixante & quinze ans après, on en comptoit 232. Le dernier tableau de 1770, en porte 546.

On exigea d'abord ſoigneuſement, que ceux qui voudroient exercer la profeſſion d'Avocat, fuſſent gradués avant d'être admis au ſer-

T ij

ment; mais il paroît qu'on se relâcha par la suite (*a*). En 1 5 5 5, M. Riant, Avocat du Roi, sur les plaintes des Docteurs - Régens de l'Université, requit en ce point l'exécution des Ordonnances anciennes. La Cour rendit conformément à ses conclusions, un Arrêt que l'on a depuis très – ponctuellement exécuté.

Les Avocats ont usé long-tems d'une grande liberté dans leurs plaidoyers. Le Procureur du Luc ou Lucius, qui fit sous Henri II, un Recueil, dans lequel il mit en très-beau latin, les Arrêts rendus au Parlement, assez souvent en mau-

----

(*a*) On en verra la raison ci-après.

vais françois, nous apprend qu'un Avocat ayant en pleine audience accuſé un Commiſſaire Examinateur du Châtelet, de s'être laiſſé corrompre par argent, fut ſommé par le miniſtère public, d'indiquer des témoins, afin qu'on en fît des informations. « Eh ! Meſſieurs, reprit la partie, » prend-on des té- » moins pour faire ces choſes-là » ? Le Commiſſaire n'obtint point d'autre réparation, que la radiation de la phraſe injurieuſe dans le plaidoyer. « C'eſt ainſi, ajoute mon Auteur, » que l'abeille pique, laiſſe » ſon aiguillon dans la piquûre & » s'envole ». Les Avocats s'étant aſſemblés en cette occaſion, déci-

dèrent « que lorfqu'un plaideur four-
» niroit à fon Avocat des imputa-
» tions graves contre fa partie ad-
» verfe, celui-ci demanderoit s'il
» avoit des témoins ; & que dans le
» cas où il lui feroit répondu que
» oui, il articuleroit hardiment ces
» faits (*a*) ».

Les honoraires attribués aux Avocats, prouvent le cas que l'on faifoit de ceux qui embraffoient cet état. En 1602, Loyfel éva-luoit les trente livres qui leur étoient

---

(*a*) *Cauffidicus , fi in caufæ commentariis criminofum aliquid compererit ; litigatorem an criminis teftes habeat interrogato. Si habere dixerit, crimen audacter objicito.* Lucius, lib. 5. tit. 1. §. 5.

adjugées pour une caufe majeure,
à cent écus; tandis que par l'Ordonnance qui regarde les Confeillers au Parlement, on n'accorde à
chacun de ceux qui iront en com-
miffion à fix chevaux, que foixante
fols par jour. L'Ordonnance touchant les Procureurs, ne les taxe
auffi pour une caufe, quelque confidérable qu'elle puiffe être, qu'à
dix livres parifis (*a*). Mais on
n'obferva pas long-tems les dif-
pofitions du Règlement à l'égard
des Avocats; l'importance de l'affaire, & fur-tout le mérite de

____

(*a*) Quod pro falario fuo quantumcumque fit
magna caufa. ultrà deçem libras paris. Pro
uno Parlamento, non recipient.

l'homme, déterminoient ordinairement le prix qu'on mettoit à son
ouvrage.

Du Luc nous apprend , qu'en
1406, on fixa les honoraires des
Avocats à soixante sols, & qu'ils
furent ensuite portés à un écu
d'or par plaidoirie (*a*). Il leur fut
permis, selon Godefroy (*b*), par
une Ordonnance du Parlement, de

(*a*) Dans la farce de Pathelin, Aignelet dit
à l'Avocat:

> Je ne vous paierai point en souls,
> Mais en bel or à la couronne.

Et Pathelin à part soi :

> J'aurai de lui.........
> Ung escu ou deux pour ma peine.

(*b*) *Gotofredus , in not. ad log* 12. D. tit.
13. l. 50.

recevoir

recevoir jufqu'à dix livres pour chaque caufe.

Dumoulin, en fes Règles de la chancellerie (*a*), raconte l'hiftoire de Maréchal, Auteur des Glofes fur la Pragmatique, & fameux Avocat au Parlement de Paris du tems de Charles VII. Il avoit dans une caufe donné de très-courtes falvations; fon client, homme ignorant, lui préfenta pour prix de fon ouvrage, une fomme que celui-ci trouva trop modique & refufa, difant qu'il s'en tiendroit à la taxe des Juges, en cas que le procès fût

---

(*a*) *De verifimili notitiâ*, n. 53.

V

gagné. Il le fut en effet, & la Cour adjugea pour ses salvations à Maréchal 60 livres parisis , ou 75 livres tournois ; honoraire magnifique, dit Dumoulin (*a*), & aussi rare qu'ample , vu la coutume de ces tems-là.

On trouve dans les Mémoires de Sully , année 1602, que pour une affaire du Duc de Luxembourg, les Avocats exigèrent 1500 écus. Le Duc s'en plaignit au Roi, qui fit rendre un Arrêt, par lequel il fut ordonné qu'ils seroient taxés ,

____

(*a*) *Et fuit splendidum , & pro consuetudine illius temporis, ut amplissimum ita rarissimum honorarium.* Ibid.

donneroient quittance, & récépissé des pièces, &c. Le lendemain 400 Avocats allèrent remettre leurs chaperons au greffe, & huit jours après tout fut accommodé. Je dirai ailleurs le motif de la répugnance des Avocats à se soumettre à une taxe qu'ils avoient autrefois réclamée eux-mêmes.

Dans les matières importantes, nos anciens Avocats commençoient leurs plaidoyers par des passages de l'Ecriture, ainsi que nos prédicateurs font aujourd'hui leurs sermons. Pierre de Cugnères, en plaidant contre les entreprises du Clergé sur l'autorité Royale, prit pour texte ces paroles de l'Evangile : *Reddi-*

te ergo quæ funt Cæfaris, Cæfari.

Les Avocats, dans ces premiers momens, furent en grande confidération auprès du Peuple, des Nobles, & du Souverain même. Juvenal des Urfins nous a laiffé l'hiftoire de Jean des Marets, Avocat au Parlement, le confident & l'ami de Charles V, le plus fage de nos Princes.

On ne fauroit paffer fous filence Guy Foucaut, le premier Légifte de France fans contredit, felon Platine, *de vit. Pont.* lequel ayant été d'abord marié, & Avocat au Parlement, fut nommé, à la mort de fa femme, Evêque du Puy en Auvergne, enfuite

Archevêque de Narbonne, créé depuis Cardinal d'un confentement unanime, & enfin élu Pape fous le nom de Clément IV.

Selon Suétone, ce Tite, l'amour & les délices du genre humain, plaida dans le *Forum* avant de monter fur le thrône ; Pierre de Blois nous apprend qu'Antoine, Evêque de Lincoln, fils du Roi d'Angleterre, crut auffi s'honorer en fuivant notre barreau.

Et ce Juvenal des Urfins dont on vient de parler, fut un des plus grands hommes du Palais. De la profeffion d'Avocat il parvint au grade éminent de Chancelier ; & l'on peut citer comme un trait

d'éloquence fublime, le Difcours
qu'il fit en préfence de l'infortuné
Charles VI , au milieu du Tribunal de la Nation. Le Duc de
Lorraine, banni du Royaume par un
Arrêt, pour crime de faux & de
félonie, ofa bien y reparoître, &,
fous la fauve-garde du Duc de
Bourgogne, venir braver le Roi
jufques dans fon Parlement. Des
Urfins fe jette aux genoux de Charles, le conjure de fe fouvenir de
la dignité de fa couronne, de ne
pas permettre qu'on méprisât ainfi
les Ordonnances de fa Cour... &
voyant le Duc de Bourgogne s'a-
vancer en courroux, tenant celui
de Lorraine par la main, il fe

lève & dit à haute voix : « De par
» le Roi, que tous ſes bons &
» loyaux ſerviteurs ſe rangent de
» ſon côté, & que tous les enne-
» mis du repos & du bien public
» ſe joignent au Duc de Lorraine».
Ce mot fut un coup de foudre,
tous les Seigneurs paſsèrent auprès
du Roi ; le Duc de Bourgogne
lui - même entraîné par l'e-
xemple, quittant la main de ſon
protégé fit comme les autres, &
le Duc de Lorraine reſté ſeul, fut
obligé d'avoir recours aux larmes
& aux proteſtations pour obtenir
ſon pardon de Sa Majeſté.

Avant des Urſins, Arnauld de
Corbie, & Guillaume des Dor-

mans, Avocats célèbres, avoient eu l'honneur de servir d'organe à Charles V, & à son successeur, en qualité de leurs Chanceliers, lorsque ces deux Princes avoient voulu parler le langage des loix.

Il seroit difficile de prononcer sur le mérite de nos premiers Avocats; nous savons par l'Histoire que plusieurs ont été jugés dignes de remplir les plus importans emplois; mais jusqu'à Pibrac, aucuns de leurs Discours ne nous a été conservé. Pibrac qui fut ensuite Chancelier de la Reine Marguerite, & s'avisa d'en être amoureux sur le déclin de ses ans, fit imprimer deux de ses Oraisons; elles ne ré-

pondent

pondent point à fa célébrité. Il témoignoit en particulier à fes amis, fon regret de les avoir mifes en lumière, & il avoit raifon de s'en repentir.

Briffon, Mangot, Defpeffes, & Marion parurent après dans le barreau avec éclat. Du Vair, leur contemporain & depuis Garde des fceaux, dit (a) du premier, qu'il avoit beaucoup de mémoire & de vivacité, mais qu'il parloit de mauvaife grace, & que fon affectation à mêler du grec & du latin dans fes difcours, le rendoit

______

(a) De l'Eloquence Françoife.

X

intelligible ; du fecond , qu'il avoit plus d'élocution , mais beaucoup moins de fcience ; & du troifième , que ce fut plutôt un fubtil Jurif-confulte , qu'un grand Orateur. Au jugement du Cardinal du Perron, Marion étoit le feul Avo-cat qu'il y eût eu depuis Ciceron ; mais par les quinze harangues qui nous reftent de Marion, on voit que le Cardinal fut un flatteur ou un mauvais juge. Du Vair lui étoit infiniment préférable, il avoit une forte de génie & même de goût. Pafquier fut dans fon fiècle ce qu'il auroit été dans tout autre, il évita les défauts des parleurs de fon tems, il cita peu ; il a de la

clarté, de l'aisance, de la facilité;
mais il n'a ni force, ni profondeur.
Son estime pour Ronsard prouve
qu'il n'eut point du tout le tact
de la poésie; & l'amour qu'il témoigne pour ses propres ouvrages,
prouve qu'il eut peu celui de la
prose. Versoris, son concurrent, lui
fut toutefois de beaucoup inférieur. Mettons ensemble les Le
Bret, les Servin, les deux Galand,
les Gautier, les d'Audiguier, les
Montauban; tous ces hommes
avoient eu sans doute le secret de
se faire écouter, ils n'ont pas eu
celui de se faire lire.

Nous voici parvenus au siècle
de Louis XIV, où notre langue

se perfectionne, où tous les arts prennent l'essor, où Boileau donne des loix au Parnasse, où Corneille, Racine & Molière règnent sur la scène, où Bourdaloue, Bossuet & Massillon ressuscitent dans la chaire, les Héros de l'éloquence Grecque & Romaine; dans ce siècle du génie & des grands talens, le Maitre & Patru se firent un nom parmi les Avocats.

Le premier étoit né avec des dispositions merveilleuses. On lui trouve de l'élégance & même du feu; mais il manque d'ordre, il narre mal; & jettant sans choix & sans mesure des passages accumulés des Auteurs profanes &

facrés, il étouffe, pour ainfi dire, fa compofition fous des matériaux étrangers. On nous dit dans la Préface de fes Plaidoyers, qu'il avoit pris les Anciens pour modèle dans ce genre d'écrire ; mais Ciceron allègue-t-il donc fans ceffe Démofthènes, Ariftote ou Platon ?

Patru montre plus d'art, il difpofe mieux fes preuves, il eft un peu moins prodigue de citations, il eft plus ferré ; cependant fi l'abondance de l'autre tient à la diffufion, la précifion de celui-ci tient à la féchereffe. Patru connoiffoit davantage la Grammaire que le génie de la langue ; auffi s'il

écrit plus purement que le Maître,
il écrit moins bien. Tous les deux
ont manqué des grandes parties
de l'Orateur ; rarement ils con-
vainquent, & jamais ils ne tou-
chent. Avouons-le, tous les deux
nous paroissent fort au-dessous de
leur ancienne réputation , & ce
qu'ils en ont aujourd'hui est plutôt
celle de leurs noms , que celle de
leurs écrits.

En général le premier âge de
nos Orateurs ressemble à celui de
nos Ecrivains ; ils parlèrent comme
écrivit Joinville. On ne peut rien
dire de leur art, ils n'en eurent
point. C'est ainsi qu'une jeune Vil-
lageoise en quittant son hameau,

n'apporte à la Ville qu'une franchise timide, une naïveté grossière & des attraits rustiques.

Mais ses défauts même ont quelques charmes; & lorsque l'innocente, séduite par le ton élégant, les manières enchanteresses, & les agrémens étudiés que les ressources de l'art de plaire inventèrent en faveur des beautés célèbres, charge son visage de mouches, & ses habits de rubans, sans discernement & sans goût, elle dépare sa physionomie, perd sa grace ingénue, & se défigure en croyant s'embellir. Tel fut le sort de nos Orateurs dans le deuxième âge de l'éloquence françoise.

Epris des grands traits des Grecs & des Latins, lors de la renaiſſance des Lettres, nos Avocats chamar-rèrent leurs diſcours de paſſages des Auteurs anciens, & crurent les imiter en les copiant. Réciter, comme des Centons, de longs frag-mens des Poëtes & des ſaints Pères ; placer à côté d'un Canon, des vers de l'Art d'aimer, des lambeaux de Lucrèce, à la ſuite d'une cita-tion de l'Ecriture, & étayer tour-à-tour le ſentiment de Virgile & d'Homère, par les opinions des Juriſconſultes, & les déciſions de Juſtinien, par le témoignage de ſaint Baſile & de Térence, fut pendant long-tems ce qu'on appella

plaider

plaider éloquemment en françois.

On ne s'apperçut point du ridicule de cette bigarrure, au moins ne s'en corrigea-t-on pas ; feulement aux phrafes infipides, aux tranfitions plates, qui fervoient comme de liaifon aux citations éternelles des Avocats du fecond âge, ceux du troifième fubftituèrent de faftueufes hyperboles, des métaphores fréquentes, & des digreffions pompeufes, dont le moindre défaut étoit d'être hors de leur place. Le plaidoyer baroque de l'Intimé dans Racine, fut calqué fur ceux que l'on débitoit tous les jours au Palais.

Cochin, de nos jours, fe leva

comme un astre lumineux, il parcourut la carrière à pas de géant,
& laissa bien loin après lui, tous
ceux qui l'avoient précédés. L'éloquence du barreau prit dans ses
mains une nouvelle forme. Maniant
son sujet en maître, s'il établit un
principe, c'est un Philosophe ingénieux; s'il en tire des conséquences,
c'est un subtil Dialecticien. Il presse,
il attaque en cent façons son ad-
versaire. On peut le comparer à
ces Rétiaires adroits, certains, quand
ils venoient sur l'arène, d'envelop-
per l'ennemi de leur filet. Il a quelquefois la véhémence & la rapidité
de l'Orateur Athénien. Il s'exprime
avec vigueur, avec énergie; mais

le dirai-je ? Il me paroît n'avoir qu'une manière, & cette manière est trop souvent dénuée de graces & presque toujours d'intérêt.

C'est cet intérêt puissant qui fait le charme des beaux ouvrages antiques, dont aucun de nos Orateurs n'a malheureusement connu le secret ; il manqua à l'élégance de de Gennes, au nerf de le Normand, à la belle déclamation de Gueau de Reverseau ; aussi l'on sait encore au barreau qu'ils furent de grand Avocats, mais le Public ne s'en souvient déjà plus, & bientôt le barreau ne s'en souviendra pas davantage. Rarement un Avocat parmi nous se survit à lui-même. Un vers de Boileau fera plus, pour le nom du mordant Gautier (*a*), que ne feront pour celui de Doucet, des plaidoyers remplis de force, d'ordre & de clarté.

DE QUELQUES-UNES DES

causes du peu de progrès que l'Eloquence Françoise a fait au Barreau.

Tandis que l'audace bizarre de l'Architecture gothique a jetté dans la moderne, une sorte de hardiesse

______

(*a*) Boileau, Sat. 9.

inconnue aux Anciens; tandis que la multitude d'ornemens dont elle furchargeoit fes conftructions, nous a fervi depuis à créer un ordre François, dont les Grecs n'auroient pas dédaigné l'élégance; pourquoi ne faurions nous nous vanter d'aucune découverte dans ce bel art de parler, où les Gaulois ont fi fouvent remporté le prix ? Du Vair en attribue la caufe au mépris que notre nobleffe paroît avoir fait de l'éloquence. Mais elle ne l'a pas toujours dédaignée; mais Démofthène étoit le fils d'un Fondeur, Æfchines d'un malheureux Maître d'Ecole, & l'on reprocha plus d'une fois à l'Orateur Romain l'obfcurité de son origine (*a*). La naissance donne un nom & rien au-delà.

On dit que nous ne traitons pas d'assez grands intérêts.

Eh quoi ! le bien, la vie, l'honneur des Citoyens qui sont tous les jours entre nos mains, ne sont pas des objets assez importants ? Quels sont donc ceux qui le sont d'avantage ?

On ajoute, que nos causes ne regardent jamais que des particuliers dont le sort est indifférent.

Comment ? Ciceron est - il moins éloquent , lorsqu'il parle

______

(*a*) *Ventidius quid enim ? Quid Tulius.* Juven. Sat. 7.

pour les Roſcius, pour Ligarius ;
ou pour Archias ; que quand il
accuſe Verrès au nom de tous les
Siciliens , ou quand il diffame
Antoine devant les Romains aſſemblés ? Nous plaidons pour des particuliers, il eſt vrai, mais ces particuliers ſont des hommes ; & quel
homme eſt tout à fait inſenſible aux
revers qu'éprouve ſon ſemblable ?
On voudroit envain étouffer la voix
de l'humanité, ſes cris retentiſſent
au fond du cœur; le Héros d'un
Roman frivole, intéreſſe, attendrit
& arrache des larmes involontaires
au Lecteur le plus endurci. Con-
venons-en , le barreau eſt travail-
lé de vices internes qui détruiſent

en nous le germe de l'éloquence, & s'opposent à son développement.

L'érection des Procureurs en charge, est la premiere plaie qu'on ait faite à l'éloquence.

On fut d'abord très-réservé à accorder des permissions d'avoir un Procureur. Il falloit les obtenir du Prince, on les appelloit *graces à plaidoyers par Procureurs*, & elles étoient scellées en Chancellerie. Au commencement elle ne duroient que pour le tems du Parlement, elles valurent ensuite pour une année entière, & enfin, François premier en 1528, fixa le nombre des Procureurs, & confirma toutes les procurations

procurations juſqu'a ce qu'elles fuſſent révoquées.

Dès que les Procureurs, certains de leur état, & de la confiance des parties, purent entrer en
concurrence avec les Avocats, tout
dut dégénérer. Ces portiers gagés,
placés à l'entrée du Temple de l'é-
loquence, n'introduiſirent que ceux
qui ſurent leur plaire, & ce ne fut
ni les talens naturels, ni les talens
cultivés. L'ardeur de gagner les
détermina pour l'Ecrivain le moins
cher; ils rebuterent (*a*) Bodin,

––––––––––––––––––

(*a*) On peut voir dans le Recueil des Lettres de Paſquier, ce qu'il eut à ſouffrir des
Procureurs avant d'être connu.

l'Auteur des six livres de *la République*, ouvrage de génie, qui depuis a fait éclorre l'*Esprit des Loix*, comme on voit un petit gland produire un grand chêne. Le Mazier & Huot s'enrichissoient chez les P. Fournier ; & Patru étoit obligé de vendre sa bibliothèque pour fournir à sa subsistance.

Ils influèrent très-promptement sur les affaires. Imbert, dans ses Institutions Forenses, cite Decius, qui disoit déjà que de son tems (*a*) :

____

(*a*) *Hi Procuratores.. Advocatis apud nos superiores sunt ; ac nisi Advocatus ab his seu in proscenium forense producatur, quantumlibet peritus sit, omnis quæstûs spe destituitur. Ita-*

« les Procureurs étoient bien au-
» deſſus des Avocats; & quelque
» habile, ajoutoit-il, que ſoit un de
» ces derniers, il doit renoncer à
» tout eſpoir de fortune, s'il n'eſt
» produit par un Procureur ſur la
» ſcène du barreau. Il eſt donc né-
» ceſſaire, « c'eſt toujours lui qui
parle, » que ceux qui comptent
» pour quelque choſe le profit du
» Palais, tâchent pour une cour
» aſſidue, de capter leur bien-
» veillance ».

Ainſi fut avilie & dégradée la

que qui aliquam lucri forenſis rationem ducunt;
horum benevolentiam obſequiis eos promereri
opportet.

plus noble des professions dans la personne de ceux qui l'exerçoient.

Que voudroit-t-on que fissent alors des Orateurs? Quelques-uns prennent l'élan, échappent aux mains qui veulent retenir leur essor, & franchissent la barrière. Les autres restent toujours des enfans à la bavette, que les Procureurs conduisent par leur lizière.

Mais un coup mortel pour le barreau, fut l'établissement de la vénalité. Dès qu'on put acheter le prix du mérite & de la vertu, on parvint bien vîte à faire peu de cas de l'un & de l'autre.

L'éloquence dans un homme de génie, est le résultat d'une

infinité de connoiſſances approfon-
dies, fruit d'une étude conſtante
& des plus férieuſes réflexions ;
or il eſt bien plus facile d'acquérir
des richeſſes. On compte les grands
Orateurs qui depuis le commencement du monde ont paru ſur
toute la ſurface du globe ; & le
nombre des riches d'un ſeul pays,
d'un ſeul ſiècle eſt infini.

Quand il fut décidé que l'on
donneroit à l'homme qui avoit ſu
remplir d'or ſes comptoirs, le
droit de prononcer ſur la vie, l'honneur & les biens de ſes Compatriotes ſuivant les loix, & qu'on
reçut en échange le tiers ou le
quart de ſes épargnes, il fut juſte

de difpenfer l'acheteur de la peine d'étudier ces loix qu'il ne favoit point, & qu'il n'auroit peut-être jamais pu apprendre. Ce qu'on accordoit aux Magiftrats, il eût été déraifonnable de le refufer aux Avocats. Ainfi l'on vendit le droit de plaider, comme l'on vendoit celui de juger, à la différence que l'un qui rendoit peu & demandoit des peines & des foins, s'acquit à bon marché ; tandis que l'autre qui rapportoit beaucoup, tant en profit qu'en confidération, fe vendit plus cher.

Mais l'on peut tout acheter, excepté la fcience & le talent ; Barnabé Briffon eft le premier Magiſtrat qui paroiſſe avoir payé ſa charge, il fut le dernier érudit de ſon ordre (*a*). On chercheroit en vain dans les Avocats du troiſième âge les Pithou (*b*), les Dupuy (*c*),

---

(*a*) Ceci n'eſt pas exact, pluſieurs Magiſ-trats ſe font diſtingués depuis par leur capa-cité & leur érudition, tels que les *Lamoi-gnon* & les *Dagueſſeau*, &c. mais dans ce tems on ne comptoit pas les ſavans Magiſtrats, ils l'étoient tous.

(*b*) Pithou fut un des plus ſavans hommes qui ayent exiſté. Sa réputation comme Avo-cat s'étendit auſſi loin, que comme littérateur. Les étrangers lui envoyoient ſouvent des pro-cès à terminer. Ils le nommoient *le ſage ar-bitre.*

Il fit ſon portrait ; ce portrait eſt l'éloge de ſon cœur & de ſon caractère. Il vivoit encore, & tout le monde applaudit.

(*c*) Dupuy ne donna rien au Public, mais il fut regardé comme le plus habile Critique de l'Europe, par tous les Doctes de ſon tems, les Loiseau (*a*), les Dumoulin ; les Bacquet (*b*), les Choppin, les Hottomans, les Loysel (*c*),

qui ne manquoient pas de le consulter sur toutes leurs productions. Voyez ce qu'en dit M. de Thou dans son Histoire.

(*a*) Loiseau n'a rien fait que d'excellent; on le cite rarement sans le louer, & il le mérite.

(*b*) Les Traités de Bacquet sur le Domaine & les Droits du Roi, sont les premiers ouvrages qu'on ait écrits en France, sur cette matière, & depuis il n'a peut être rien paru de meilleur.

(*c*) Loysel avoit étudié sous Cujas, en même tems que Pierre Pithou. Les deux Disciples contractèrent ensemble une amitié si tendre, qu'ils s'appellèrent toujours du doux nom de frères. La conformité de talens & d'inclinations qui avoit fait naître leur liaison, l'entretint sans altération jusqu'à la fin de leurs jours. Nous avons de Loysel, outre les *Institutions Coutumières* dont il y a eu des éditions sans

les

les Godefroy, les Papyre Maſſon (*a*), les Bouchel (*b*), les
Mornac (*c*), les Ayrault (*d*), les

---

nombres des *Mémoires ſur le Beauvoiſis*, des
Opuſcules, parmi leſquels on trouve le *Dialogue des Avocats* & d'autres pièces. Loyſel
avoit une idée ſinguliere, il croyoit que le
droit de rendre la juſtice appartenoit à la
Nobleſſe, & il ſe ſervoit pour le prouver de
ces vers du Reclus de Moleſme :

> Labour de Clerc eſt Dieu prier,
> Et juſtice de Chevalier,
> Pain leur trouve li labourier.

(*a*) Que dire à l'avantage de l'eſprit des
connoiſſances & des mœurs de Papyre Maſſon,
après l'éloge particulier qu'en a fait le célèbre
de Thou ?

(*b*) Bouchel avoit immenſément lu, & ces
ouvrages ſont pleins de bonnes choſes.

(*c*) Antoine Mornac étoit un' très-ſavant
Jurisconſulte, ainſi qu'il paroît par ſes obſer-
vations ſur le Digeſte & le Code à l'uſage
du barreau François. Ses éloges intitulés, *Feriæ
Forenſes*, ſont écrits avec beaucoup d'agrément & de délicateſſe.

(*d*) Ayrault eſt Auteur d'un ouvrage plein

Coquille (*a*), les Sainte-Marthe (*b*).

Ciceron avoit dit (*c*) qu'on me donne trois jours & je suis Jurisconsulte ; on reprit le défi de

---

de recherches sur *les formalités dont les Grecs & les Romains ont usé dans les accusations publiques*, d'un *Traité sur la puissance paternelle*, & de plusieurs autres, tous fort estimés.

(*a*) Une érudition singulièrement vaste, jointe, ce qui est assez rare, à un grand sens, ont fait donner à Coquille les épithètes du docte & judicieux Jurisconsulte.

(*b*) Aucun homme un peu instruit n'ignore les obligations que notre histoire a aux frères Sainte-Marthe. Scévole, l'auteur de la *Pédotrophie* & de plusieurs autres pièces de Poësie, est mis dans la liste des Avocats de 1599, rapportée par Guillaume Joly, à la suite des Opuscules de Loysel, sous le nom de Gaucher de Sainte-Marthe, qu'il aura depuis changé en celui de *Scevola*, Scévole, lequel signifie *Gaucher* en latin.

(*c*) *Pro L. Muræna.*

Ciceron, peut-être même a-t-on pensé depuis le surpasser en mérite en l'emportant sur lui en célérité; il avoit demandé trois jours pour s'instruire de la Jurisprudence, on n'a pris que trois heures (*a*).

Les Avocats furent long-tems indignés de ce qu'on ravissoit leur patrimoine, pour en disposer en faveur de l'opulence. Ils voyoient

---

(*a*) Quoi! pour être reçu Licencié en Droit Civil & Canon, il ne faut pas savoir le Droit Civil? non. Le Canonique? non. Il n'est pas même nécessaire d'avoir une teinture du latin. Il suffit qu'on puisse dépenser quatre cent livres & qu'on sache épeler passablement. J'en appelle au témoignage de tous ceux qui vont tous les jours, prendre leurs grades par bénéfice d'âge, dans la plûpart de nos Universités.

les gens à argent se placer sur les
sièges qui leur étoient autrefois réservés ; ils voyoient des adolescens
sortant à peine des mains d'un
Précepteur, figurer à côté de
leurs anciens collègues, mêler leur
voix enfantine à celle du bon sens
& de l'expérience, & dire leur
avis sur des raisons qu'ils n'avoient
point entendues, ni souvent même
écoutées. De-là le refus de se
laisser taxer par cette Cour, qui
ne leur offroit plus le doux point
de vue d'une retraite, digne récompense de leurs études laborieuses ;
de-là ces disputes toujours renaif-
santes pour des prérogatives & des
droits honorifiques mérités ; de-là

enfin ces préjugés utiles confacrés fous le nom d'*honneur du corps*, mot vague, fouvent mal interprété, mais qui prouve que ce corps croit à l'honneur , & qu'il l'invoque dans toutes fes démarches.

En enlevant à l'ordre des Avocats l'effentiel, on les laiffa d'abord en poffeffion de la chimère. On obligeoit les nouveaux Titulaires des Offices de fe faire recevoir au Barreau; on les faifoit même jurer qu'ils n'avoient rien donné pour le prix de leur charge, & long-tems le premier acte de Magiftrat que ces Intrus firent au Palais, fut de fe noircir par un parjure (*a*).

______

(*a*) Nulla Magiftratus venales vidit avorum

Guillaume Joly, Avocat fameux par ſon attachement pour ſon Roi, fut le premier qui, en 1596, refuſa de faire le ſerment, dont vers la fin de cette année Henri IV, dans une aſſemblée de Notables qu'il convoqua à Rouen, abolit l'uſage. *Voyez ſa Vie.*

Affranchis de ce ſerment ſacri-lège; ils mirent dèſlors dans leur conduite avec les Avocats, une hau-teur qui déplut à ces derniers.

Ætas. . . . .
Quoſque cooptabat Rex in conſortia patrum,
  Jurabant nullo, rem ſibi, mancipio.
Sed tamen hic noſtris uſus deſcivit ab annis,
  Proſtat & argento plurimus emptus honos.
Nec reliqui eſt quàm quod, qui prenſat, jurat honores,
  Addictâ, nullum proſtituiſſe, manu.
Aſpice quid ſperes, à judice, limine in ipſo,
  Quem non ulla Dei vox metuenda fuerit.
Steph. Paſquierii, Lib. 1. Epig. 5. Epig.

« Eh, où est l'honneur, » dit
dans le *Dialogue des Avocats*, le
fils aîné de Loyſel, l'un des In-
terlocuteurs, « que j'ai entendu de
» vous, mon père, avoir été autre-
» fois au Palais, & la faveur que
» Meſſieurs les Préſidens portoient
» aux jeunes Avocats de votre
» tems, les écoutans doucement,
» ſupportant & excuſant leurs fautes
» & leur donnant courage de mieux
» faire? Au lieu que maintenant
» il ſemble à quelques-uns, que
» nous ſoyons d'autres bois ou étoffe
» qu'eux, & quaſi des gens de
» néant, nous interrompant & ra-
» brouant à tout bout de champ,
» nous faiſant par foi des deman-

» des qui ne font nullement à pro-
» pos ; & non feulement à nous
» autres jeunes gens, qui le pour-
» rions quelquefois avoir mérité,
» mais bien fouvent aux anciens &
» à ceux qui entendent le mieux
» leurs caufes ».

On peut voir encore les plaintes amères que M. de Riparfond fait dans fon Teftament, du peu d'égards que la Magiftrature nouvelle témoigne à fes Confrères ; mais peu à peu le tems fit difparoître du barreau ces ames fières (*a*) qui avoient

____

(*a*) Le Préfident de Thou, ayant un jour maltraité le fameux Dumoulin à l'audience, l'ordre des Avocats en corps, avec les anciens à la tête, fe rendit chez M. de Thou, & le Doyen François Portail portant la pa-

vécu

vécu sous un autre siècle; & le coloffe d'or aux pieds d'argile, pefant fans cesse fur ceux qui tentèrent cette carrière, les affouplit, les fubjugua.

Dès qu'Athènes & Rome n'offrirent plus aux Orateurs l'efpérance flatteufe des emplois & du crédit, & que l'une & l'autre ville fut réduite aux parleurs mercénaires; nous avons vu l'éloquence

---

role lui dit : « Quand vous avez voulu mortifier M^e. Charles Dumoulin notre confrère, favez-vous ce que vous avez fait ? » Vous avez offenfé un homme plus favant » que vous ne le ferez jamais ». *Læfifti hominem doctiorem quàm unquàm eris. In Vit. Molin.* Le Préfident fit le lendemain des excufes à Dumoulin.

Bb

décliner & disparoître entièrement ;
on peut conclurre.

Mais, dira-t-on, il fut un tems
où les charges de toute espèce
étoient exposées à l'émulation des
Avocats, où sont les Cicerons
que ce tems a produits ?

Je réponds que, dans ce tems,
l'on crut qu'être savant étoit la
même chose qu'être éloquent, &
l'on fut savant. On savoit tout,
on disoit tout ; le goût manquoit ;
le goût s'épura, & il n'y eut plus
d'objet d'émulation.

Qu'on n'en doute pas, notre
Barreau eût égalé ceux des Grecs
& des Romains sous Louis le
Grand, sans l'hydre de la vénalité.

Si Corneille eût pu se flatter de devenir un jour premier Président, il n'auroit pas abandonné le Barreau, & nous pourrions opposer un rival à Démosthènes. M. de Voltaire, ce Nestor de la littérature, qui (*a*), *plein d'estime & de respect pour la profession d'Avocat, s'est repenti* tant de fois *de ne l'avoir pas embrassée,* l'auroit suivie sans doute, s'il eût pu voir dans le lointain les Sceaux du Roi de France réservés à sa manière brillante &

(*a*) Lettre de M. de Voltaire. Comme tout ce qui sort de sa plume est précieux, on trouvera cette Lettre entière à la fin de cet Ouvrage.

féconde; & s'il n'eût pas du haut d'un nuage lancé la foudre comme Périclès, on eût au moins vu dans ſes diſcours éclorre de toutes parts les fleurs d'Hypéride.

DE QUELQUES-UNS DES *moyens d'illuſtrer le Barreau.*

FAUT-IL ſe paſſer des Univerſités, parce qu'elles ſont inutiles; & détruire les Procureurs, parce qu'ils ſont pernicieux ? Non. Il faut remédier aux inconvéniens qui réſultent de leur conſtitution actuelle.

Et pour cela, qu'il ſoit créé un Tribunal compoſé de douze anciens

Avocats connus. Que les jeunes Candidats qui se destinent au Barreau, y fassent seuls les fonctions d'Avocats & de Procureurs, & mêlés avec les anciens, tour à tour celles de Juges. Qu'aucun ne soit reçu Avocat sous quelque prétexte que ce soit, sans avoir fait ce noviciat qui durera trois ans, pendant lequel tems chacun d'eux sera tenu de plaider une cause tous les mois.

Tout homme qui aura un procès, pourra apporter ses pièces à ce Tribunal, & les affaires y seront plaidées à tour de rôle. Si l'on n'a pas des causes réelles, on en prendra de factices.

Cet établissement produiroit plu-

fieurs bons effets. Premièrement,
il réduiroit ce nombre effréné de
gens, qui, pour poſſéder un vain
titre, ſe font recevoir Avocats, &
déshonorent une qualité qu'ils ne
ſont pas dignes de porter.

Secondement, il éclaireroit un
jeune homme ſur ſes diſpoſitions,
& fixeroit ſon choix. Il formeroit
des Sujets, dont l'école ſeroit faite
quand ils paroîtroient au Palais, &
dont le nom déjà connu, les diſ-
penſeroit d'aller trembler ſous la
férule d'un Procureur.

Troiſièmement, cette procédure
préparatoire ouvriroit les yeux des
Plaideurs de bonne-foi, & ré-
gleroit leur conduite. Le jugement

épouvanteroit peut-être le fripon & le chicaneur, & les ameneroit à un accommodement souhaitable, qui diminuant le nombre des procès, feroit le plus grand bien dans l'Etat, dont l'intérêt eſt que tous les Sujets vivent dans la concorde & l'union.

L'exécution de ce plan ne demande point de fonds, qu'il plût feulement à S. M. de donner une grande falle pour les audiences ; chaque afpirant feroit aftreint à mettre tous les trois mois dans une bourfe par forme de bougie, un louis ou deux, & cette fomme fe partageroit entre les douze anciens également. Il eſt inutile de vanter l'utilité d'un établissement pareil, il suppléeroit aux Universités où l'on ne s'instruit plus, & l'on en verroit bientôt sortir de bons Juges & de grands Avocats.

« Romains, disoit (*a*) le plus jeune des Gracches au peuple assemblé, " tous tant que nous " sommes qui venons vous haran-" guer, c'est l'intérêt qui nous " conduit devant vous ; nul ne " parle au Public que sous l'espoir " de quelque récompense ". Offrez un avenir aux Avocats, ils travailleront moins pour le lucre & plus pour la réputation.

____

(*a*) Gel. lib. XI. cap. 10.

II

Il eſt un projet bien digne d'être ſuivi par un grand homme, & d'être exécuté ſous le règne d'un Roi bien aimé.

Ce grand projet conçu par Charlemagne, propoſé de nouveau & accueilli ſous Louis IX, Louis XI & Charles VII, eſt la compoſition d'un Code François, & l'établiſſement d'une Juriſprudence uniforme dans tout le Royaume.

Ce deſſein comblera de gloire le Miniſtre qui voudra le conduire à ſa perfection : il en réſultera des avantages qui ſurpaſſeront la gloire.

Quelles que ſoient ſes loix, un Peuple y tient ; mais quand elles ſont bonnes, il affronte la mort

C c

pour les défendre. Que dis-je? Le
gouvernement eſt mille fois détruit, & l'empire ſubſiſte toujours (*a*). C'eſt la ſeule réflexion
que je me permette ſur cet objet.
Lorſque dans un buiſſon de roſes,
une d'entr'elles s'élève au-deſſus
des autres, le plus froid ſpectateur
a bien de la peine à s'empêcher
de la cueillir.

On choiſiroit parmi les Avocats, pour s'occuper à la confection
de ce noble ouvrage, vingt perſonnes connues par leur ſagacité
& leur amour pour le travail. Sans
chercher à tracer la route à des

____

(*a*) Voyez l'Hiſtoire de la Chine.

coopérateurs intelligens conduits par un guide éclairé, il faudroit en ne touchant pas à la génération présente, ne ſtatuer que ſur les intérêts de nos deſcendans, auxquels l'on ne feroit point de tort ; car on ne peut en faire qu'à ceux qui ont des droits, & l'on ne peut avoir les droits qu'avec l'exiſtence.

Le corps des loix achevé, l'aſſemblée ne feroit pas diſſoute. Ces vingt hommes reſteroient toujours employés à l'examen & à la correction de ces mêmes loix. N'y avoit-il pas à Athènes des Sexcemvirs (*a*), Commiſſaires perpétuels,

____

(*a*) Voyez dans les Œuvres de Bacon ſon

dont l'unique occupation étoit de voir s'il n'y avoit point de loi contradictoire , double ou obscure ; s'il ne falloit point en abroger d'ancienne ou en expliquer de nouvelle ; & qui en proposoient à la fin de chaque année au peuple, la révocation ou l'interprétation ?

Ce seroit vingt retraites honorables, dont l'expectative formeroit peut-être cent hommes célèbres.

Mais le conseil de Bodin est la baze nécessaire sur laquelle doit poser l'illustration du Barreau : « Le » vrai prix de la vertu, dit-il, est

---

Discours au Roi d'Angleterre, à la tête des Aphorismes de Droit.

» l'honneur, & il faut mettre aux
» yeux des Sujets les Charges &
» Offices comme loyers d'icelle ».

Dès 1256, faint Louis avoit fenti la juftice de cette diftribution, quand il défendit par fon ordonnance, de vendre les charges de Judicature. On fuivit fes volontés pendant un affez long efpace de tems.

Sous Louis XI on fe relâcha. Comines, en déteftant l'ambition des Parifiens, fe plaint que tel homme achète huit cents écus un état fans gages (*a*).

____

(*a*) Les offices ou états font plus defirés en cette cité là (de Paris) qu'en nulle autre du monde : car ceux qui les ont les font va-

Nicole Gilles avance l'époque de la vénalité & la place à Louis XII, Prince débonnaire, qui crut par-là foulager fon peuple, reconnut fon erreur & s'en repentit; mais fon véritable auteur fut François premier, que les malheurs de fon règne contraignirent à vendre les Offices contre fon inclination. Il fut en cela imité par Henri II, & fes fucceffeurs, & fur-tout par le foible & trop infortuné Henri III, *ingénieux* (a), pour me

---

loir ce qu'ils peuvent & non pas ce qu'ils doivent, & y a offices fans gages qui fe vendent bien huit cents écus, & d'autres où y a gages bien petits qui fe vendent plus que les gages ne fauroient valoir en 15 ans. Mémoires de Comines, liv. 1. ch. 6.

(a) Pafquier, Recherches de la France.

servir des paroles d'un Auteur contemporain, *en cet endroit, à la ruine de son Etat & de soi.* Pour fournir à ses folles dépenses & satisfaire aux fantaisies de ses Favoris, on vendit tout, jusqu'à ce droit sacré des Rois, de rendre la justice à leurs Sujets.

Le Chancelier de Lhôpital tenta vainement d'arrêter le cours de ce torrent de corruption & d'en tarir la source. Il avoit pu se faire aimer de son Roi, estimer de sa mère, redouter des mignons, craindre des Guises, & se concilier le res-pect d'une Cour perdue de vices & de débauches; mais quand il voulut toucher à la vénalité, mille

cris s'élevèrent à la fois ; les Cour-
tisans, les Citadins, & le Peuple
imbécille, dont l'erreur & la sottise
sont l'appanage, s'unirent à la Robe.
Le dessein de rendre son éclat à
la Magistrature, aux Loix leur force,
& au Barreau sa véritable splen-
deur, fut traité d'attentat à tout
droit divin & humain ; on ébran-
loit par-là la Monarchie jusques
dans ses fondemens, & l'Auteur
fut qualifié de Protestant & d'Athée.
Il mourut. Les bons Citoyens allèrent verser des pleurs sur sa tom-
be : son éloge est aujourd'hui dans
toutes les bouches ; il nous rappelle
la mémoire des Fabricius & des
Catons de l'ancienne Rome. S'il

eût

eût réussi, il eût plus fait pour sa Patrie, que ne firent pour la leur les grands hommes auxquels on le compare.

Dd

É P I L O G U E.

Nous avons parcouru l'Hiſtoire des Barreaux de Rome, d'Athènes & de Paris. Qu'y avons-nous vu? Que la gloire & la liberté ſont les mères nourrices de l'éloquence.

L'éloquence donne à l'ame du reſſort & de la fierté ; & de quel avantage peut-on s'enorgueillir à plus juſte titre? Un habile Statuaire n'eſt qu'au-deſſus des autres Sculpteurs, l'homme éloquent eſt au-deſſus de tous les hommes. Sa paſſion eſt l'indépendance : mais s'il defire la liberté pour lui, il craint l'oppreffion pour les autres. Quand triomphe l'Orateur ? Lorfqu'il défend le faible perfécuté.

Mais, dira-t-on, ne faut-il pas craindre l'abus de l'éloquence ? un fcélérat ne peut-il pas être éloquent ?

Non. Qu'eft-ce que l'éloquence ? C'eft l'art de préfenter à l'imagination des motifs qui déterminent la volonté. Où faut-il puifer ces motifs ? Dans notre intérêt. Mais quel véritable intérêt peut fe trouver pour nous, hors de la raifon & de la vertu ?

D'ailleurs pour perfuader le vice, il ne faut qu'en donner l'exemple; pour y faire des progrès rapides,

il suffit de s'abandonner à ses inclinations. Notre penchant naturel
à la perverfité, eft comme un
fleuve impétueux qui nous entraîne ;
voulez-vous que le bâtiment def-
cende vers l'embouchure ? Mettez-
le au courant, il n'eft pas befoin
d'autre effort. Mais défions-nous
de cette aifance perfide qui nous
éloigne du but où nous devons
tendre. C'eft à la fource du fleuve,
que font fitués les Temples de l'honneur & de la félicité ; afin d'y
parvenir, évitons le fil de l'eau,
courbons-nous fur les rames, &
que l'onde gémiffe fous nos coups
redoublés.

Cependant qui nous adoucira

ce pénible exercice ? Qui foutiendra notre courage ? Qui nous rendra chers les devoirs de pères & d'époux, malgré les follicitudes qui en font inféparables ? Quel Dieu, nous dépouillant, pour ainfi dire, de nous-même, nous fera confentir à facrifier notre intérêt particulier, à l'intérêt général ; exhaltera notre dévoûment pour nos Princes, pour notre pays ; & nous enflammera pour les loix en nous courbant fous leur joug ? L'homme éloquent. Voilà fon fublime emploi. Jamais le méchant ofa-t-il l'en charger ?

Ouvrez Platon, il vous apprendra qu'un des plus éloquens d'entre les Grecs, Socrates, en étoit aussi le plus sage. Caton fut le premier Romain qui se distingua dans la science de parler ; son nom est encore aujourd'hui celui de tous les gens de bien. Les deux plus grands Orateurs de l'univers, Démosthènes & Ciceron, moururent martyrs de leur amour pour la Patrie.

Quelle est donc la première & la principale disposition à l'éloquence? Une belle ame. La seconde ? Un cœur sensible ; ni l'une ni l'autre de ces deux qualités, ne sauroit se suppléer ; mais tout le reste peut s'acquérir.

O! vous, l'espérance prochaine du Barreau, mes jeunes Confrères, mes Rivaux, mes Amis, fi vous n'êtes pas brûlés du defir de vous diftinguer ; fi l'honneur n'eft pas à vos yeux le premier des biens ; fi votre cœur ne s'émeut pas à l'afpect du malheur ; s'il n'eft pas foulevé au récit d'une injuftice ; fi le nom de Ciceron & de Démofthènes n'excitent pas votre enthoufiafme ; fi, à la lecture de leurs Ouvrages , vous n'avez pas été obligés de quitter le livre pour calmer votre agitation & refpirer plus à votre aife ; laiffez courir cette carrière à ceux qui font plus heureufement nés & qui font doués d'organes plus fenfibles ; & vous, en qui le Ciel a mis une étincelle de ce feu divin qui fait les grands Orateurs, gardez de la laisser éteindre ; songez aux longs & pénibles travaux de ceux qui vous servent de modèles. Une couronne immortelle vous attend dans le Temple de la Renommée : mais ce Temple est sur une montagne, il faut gravir au sommet.

LETTRE

LETTRE

DE M. DE VOLTAIRE,

A M * * *.

A Crecy, le 5 Février 1739.

JE reconnais, Monsieur, l'ancien ami de mon père, & de toute
ma famille, à la bonté avec laquelle
vous vous intéressez en ma faveur
au sujet de cet infâme libelle de
l'Abbé Desfontaines. Je suis bien
loin de demander ni acte parde-
vant Notaire, ni mention dans les
registres des Avocats, ni rien d'ap-
prochant. Mais il serait infiniment
flatteur pour moi que je pusse ob-

Ee

tenir feulement une lettre de votre
Bâtonnier & de quelques anciens,
par laquelle on marquerait qu'après
s'être informé à tous les Avocats
de Paris, ils avaient tous répondu
qu'il n'y en avait aucun capable
de faire un fi infâme libelle; fi on
pouvait ajouter un mot en ma faveur, j'en ferais plus honoré mille
fois que je ne fuis affligé des in-
fultes d'un fcélérat comme Desfontaines: au refte, l'honneur qu'on
daignerait me faire ne tomberait,
Monfieur, *que fur un homme pé-*
nétré d'eftime & de refpect pour
votre profeffion, & qui fe repent
tous les jours de ne l'avoir point
embraffée : mais, Monfieur, dans

cette profeſſion, il n'y a perſonne que j'honore plus que vous, & dont j'ambitionne plus l'amitié & le ſuffrage. Je ſuis, Monſieur, avec une eſtime infinie, &c.

P. S. Ne pourrai-je point, par le moyen de quelques Conſeillers au Parlement de mes amis, demander qu'on faſſe brûler le libelle? Le Bâtonnier ne pourrait-il pas le requérir lui-même? il me ſemble qu'il y en a des exemples, & qu'on pourrait au nom du corps des Avocats, en requérir le châtiment comme d'un libelle ſcandaleux imputé aux Avocats.

F I N.

APPROBATION.

J'ai lu, par ordre de Monseigneur le Chancelier, un Manuscrit qui a pour titre: *Essai sur le Barreau Grec , Romain & François* ; & je n'y ai rien trouvé qui m'ait paru devoir en empêcher l'impression. A Paris , ce dix-sept Juillet mil sept cent soixante & douze.

COQUELEY DE CHAUSSEPIERRE.

PRIVILEGE DU ROI.

Louis, par la grace de Dieu, Roi de France et de Navarre : A nos amés & féaux Conseillers, les Gens tenans nos Cours de Parlement, Maîtres des Requêtes ordinaires de notre Hôtel, Grand-Conseil, Prevôt de Paris, Baillifs, Sénéchaux, leurs Lieutenans Civils , & autres nos Justiciers qu'il appartiendra ; Salut. Notre amé le Sieur F****, Nous a fait exposer qu'il désireroit faire imprimer & donner au Public : *Essai sur le Barreau Grec , Romain & François, de sa composition* ; s'il Nous plaisoit lui accorder nos Lettres de Permission pour ce nécessaires. A ces Causes, voulant favorablement traiter l'Exposant, Nous lui avons permis &

permettons par ces Préſentes, de faire imprimer ledit Ouvrage autant de fois que bon lui ſemblera, & de le faire vendre & débiter par tout notre Royaume pendant le temps de trois années conſecutives, à compter du jour de la date des Préſentes. Faiſons défenſes à tous Imprimeurs Libraires, & autres perſonnes, de quelque qualité & condition qu'elles ſoient, d'en introduire d'impreſſion étrangere dans aucun lieu de notre obéiſſance. A la charge que ces Préſentes ſeront enregiſtrées tout au long ſur le Regiſtre de la Communauté des Imprimeurs & Libraires de Paris, dans trois mois de la date d'icelles ; que l'impreſſion dudit Ouvrage ſera faite dans notre Royaume, & non ailleurs, en bon papier & beaux caractères; que l'Impétrant ſe conformera en tout aux Réglemens de la Librairie, & notamment à celui du 10 Avril 1725, à peine de déchéance de la préſente Permiſſion ; qu'avant de l'expoſer en vente, le Manuſcrit qui aura ſervi de copie à l'impreſſion dudit Ouvrage, ſera remis dans le même état où l'approbation y aura été donnée, ès mains de notre très-cher & féal Chevalier, Chancelier, Garde des Sceaux de France, le Sieur DE MAUPEOU; qu'il en ſera enſuite remis deux Exemplaires dans notre Bibliothéque publique, un dans celle de notre Château du Louvre, & un dans celle dudit Sieur DE MAUPEOU; le tout à peine de nullité des Préſentes. Du contenu deſquelles vous mandons & enjoignons de faire jouir ledit Expoſant & ſes ayans cauſe, pleinement & paiſiblement, ſans ſouffrir qu'il leur ſoit fait aucun trouble ou empêchement. Voulons qu'à la Copie des Préſentes qui ſera imprimée tout au long au commencement ou à la fin dudit Ouvrage, foi ſoit ajoutée comme à l'original. Commandons au premier notre Huiſſier ou Sergent ſur ce requis, de faire pour l'exécution d'icelles ; tous actes requis & néceffaires, fans demander autre permiffion , & nonobftant clameur de haro, charte normande & lettres à ce contraires : CAR tel eft notre plaifir. DONNÉ à Fontainebleau le vingt-unieme jour du mois d'Octobre l'an mil fept cent foixante-douze, & de notre regne le cinquante-huitieme. Par le Roi en fon Confeil. *Signé* LE BEGUE.

Je fouffigné, reconnois avoir cédé le préfent Privilége à M. GRANGE, Imprimeur-Libraire, pour en jouir lui & fes ayans caufe. A Paris, ce 25 Octobre 1772.

FALCONNET.

Regiftré la préfente Permiffion & enfemble la ceffion fur le Regiftre XVIII de la Chambre Royale & Syndicale des Libraires & Imprimeurs de Paris , Nº 2216. fol. 576, conformément aux Réglemens de 1723 , qui fait défenfes, article IV, à toutes perfonnes de quelque qualité & condition qu'elles foient , autres que les Libraires & Imprimeurs, de vendre , débiter, faire afficher aucuns livres pour les vendre en leurs noms, foit qu'ils s'en difent les auteurs ou autrement, & à la charge de fournir à la fufdite Chambre huit exemplaires prefcrits par l'article 108 du même Réglement A Paris , ce 29 Octobre 1772.

Signé, C. A. JOMBERT Pere, Syndic.

www.ingramcontent.com/pod-product-compliance
Lightning Source LLC
LaVergne TN
LVHW052011060726
842528LV00002B/477